2022

上海与美国地方交流
年度大事记

上海市美国问题研究所　主编

上海远东出版社

图书在版编目（CIP）数据

上海与美国地方交流年度大事记.2022 / 上海市美
国问题研究所主编. —— 上海：上海远东出版社，2023
ISBN 978-7-5476-1966-7

Ⅰ.①上… Ⅱ.①上… Ⅲ.①中美关系－国际交流－
大事记－上海－2022 Ⅳ.①D827.51

中国国家版本馆CIP数据核字(2023)第222184号

责任编辑 王智丽
封面设计 李　廉

上海与美国地方交流年度大事记.2022
上海市美国问题研究所　主编

出　　版　**上海远东出版社**
　　　　　（201101　上海市闵行区号景路159弄C座）
发　　行　上海人民出版社发行中心
印　　刷　上海新华印刷有限公司
开　　本　710×1000　1/16
印　　张　10.5
插　　页　7
字　　数　177,000
版　　次　2023年12月第1版
印　　次　2023年12月第1次印刷
ISBN 978-7-5476-1966-7/D·47
定　　价　68.00元

2022 年度
沪美地方交流精彩瞬间回眸

　　1 月 19 日，IWO 英特尔世界公开赛 (Intel World Open) 在上海静安体育中心开幕。比赛分成线上及线下两种模式，其中 1 月 21 日至 1 月 22 日为线下总决赛。该比赛是国内首个获得奥组委支持，为助力 2022 北京冬奥会而特别举办的电竞表演赛事。IWO 赛事的成功落地举办，给予更多热爱电子竞技的玩家们以登上更大舞台的机会，也将进一步推动中国电竞产业发展。

　　1 月，上海港和洛杉矶港共同倡议建立"绿色航运走廊"，以推动上海港和洛杉矶港之间以最清洁、低碳的方式实现港到港货物运输。绿色航运走廊倡议内容包括：有条件有意愿的航运公司沿此走廊，在 21 世纪 20 年代，分阶段使用低排放和超低排放船舶，到 2030 年开始逐步向使用零碳排放集装箱船舶过渡。

　　美国当地时间 2 月 11 日,由中国驻洛杉矶总领事馆指导、上海市归国华侨联合会支持,上海博物馆和美国上海商会、美国鹰龙传媒联合举办的"2022 年庆新春中华文化之夜暨上海博物馆之夜"在美国洛杉矶举行。活动当晚,由上海评弹团、上海沪剧院、上影演员剧团、香港影视文化协会、雅利舞蹈学校、李静武术表演团、美国中华国乐团、中美华人戏剧联盟、海外越剧联盟裕泰祥等艺术团体的近百位中美表演艺术家隔空联袂合作,共同呈现的昆曲、评弹、越剧、沪剧、民乐、舞蹈、武术表演、中华时装秀等节目,充满经典的中华文化特色和浓郁的海派风情。该活动不仅是一场精彩纷呈的文艺演出,还向嘉宾们展示了来自上海博物馆青花蓝系列、中国红系列和江南春系列的精品艺术文创,让来宾们亲身感受到上海这座东西交融国际大都市的魅力以及中华文化的震撼。

　　2 月下旬,纪念《上海公报》发表 50 周年系列活动在沪举行。22 日,由复旦大学美国研究中心、上海市美国问题研究所、上海市美国学会共同举办的"中美关系:相互尊重、和平共处、合作共赢——纪念《上海公报》发表 50 周年研讨会"在上海锦江小礼堂举行。来自北京、上海、广州的专家、学者与会。新华社、光明日报、文汇报、新民晚报、上海观察、澎湃新闻以及上海电视台、凤凰卫视等媒体对会议进行了新闻报道和采访。24 日,华东师范大学与上海纽约大学共同举办"知识搭起的桥梁:50 年中美高等教育交流与合作回顾"线上对话,以纪念《上海公报》发表 50 周年。中华人民共和国前外交部长李肇星、艾格尼丝斯科特学院前校长玛丽·布朗·布洛克、耶鲁大学前校长理查德·查尔斯·莱文,以及浙江大学前校长杨卫等应邀出席了活动。28 日,《上海公报》发表 50 周年纪念大会在沪举行。中共中央政治局委员、上海市委书记李强出席大会开幕式并致辞。国务委员兼外交部长王毅向大会发表视频讲话。纪念大会由中国人民对外友好协会、中国人民外交学会、上海市人民政府和中国美国人民友好协会以线上、线下相结合的方式共同举办。同日,《上海公报》发表 50 周年纪念音乐会在上海外滩世界会客厅举办。上海市市长龚正致辞。中国人民对外友好协会会长林松添、外交学会会长王超以及美国驻华大使馆临时代办米德伟、美国驻上海总领事何乐进出席。

　　8 月 3 日，美国《财富》杂志公布了 2022 年世界 500 强榜单。此次，145 家中国企业入围世界 500 强。中国上榜企业数量、总营收均领先美国，居全球之首。其中，上海新增加 3 家企业，共 12 家企业入围，分别是中国宝武、上汽集团、绿地控股、中远海运、交通银行、太平洋保险、浦发银行、中国船舶集团、苏商建设、上海建工、上海医药、德龙钢铁集团；苏商建设和德龙钢铁集团为首次上榜，中国船舶集团 2021 年将总部从北京迁至上海，为第二年上榜。

　　8 月 16 日，由上海文化广播影视集团有限公司（SMG）与华纳兄弟探索集团（Warner Bros. Discovery）联合出品的纪录片《行进中的中国》第二季播出。作为一部中美合拍纪录片，《行进中的中国》采访了一批海外中国问题专家，如哈佛大学肯尼迪政府学院创始院长格雷厄姆·艾利森 (Graham Allison)、乔治·华盛顿大学经济学和国际事务教授尼可拉斯·沃诺塔斯（Nicholas Vonortas）等。该记录片聚焦中国制度、经济、科创、生态、民生五大主题，整个系列旨在向国际社会展现一个真实、立体、全面的中国，帮助世界更好地理解中国，同时提供具有参考价值的中国方案、中国模式、中国智慧。

　　11 月 5—10 日，第五届中国国际进口博览会在上海举办。来自 127 个国家和地区的企业参加企业商业展，其中约有 200 家美国企业。美国企业是进博会的"常客"，五届进博会始终位于外国参展企业数量前列，并持续创新高。上海美国商会董事会成员卡梅伦·约翰逊在接受记者采访时表示，进博会对美国企业仍然具有吸引力。这是美国企业了解中国市场、展示商品和服务理念的重要渠道。

　　11 月 25 日，英威达尼龙化工（中国）有限公司（简称英威达）己二腈生产基地在上海化学工业区正式落成。作为上海市重大产业项目之一，该项目也是英威达有史以来全球范围内最大的一笔投资。该生产基地总投资超过 70 亿元，年产可达到 40 万吨，同时英威达还将进一步强化尼龙 66 本地化生产，上海将拥有最完整的尼龙 66 产业链和全球最大的尼龙 66 综合生产基地。

　　11 月 30 日，2022 年上海市外商投资企业百强发布，百强榜单展示了 2021 年度，共计 253 家外商投资企业入围上海市外商投资企业营业收入、进出口总额、纳税贡献、创造就业 4 项百强榜单。从投资者国别／地区分布来看，来自美国的企业居首位，共有 70 家。

　　12 月 11 日，上海交通大学－耶鲁大学第五届全球公共卫生政策论坛在上海举行。会议采取线上线下相结合的方式。会议开幕式由上海交通大学国际与公共事务学院院长吴建南主持，上海交通大学党委副书记周承、上海申康医院发展中心党委书记赵丹丹分别

致欢迎辞。在主旨演讲环节，美国国家医学科学院院士、耶鲁大学讲席教授保罗·克利里（Paul Cleary），中国工程院院士、上海交通大学讲席教授贾伟平与耶鲁大学公共卫生学院讲席教授、统计学和数据科学教授赵宏宇三位学者从各自领域剖析对"大数据与公共卫生政策"的深刻见解。在圆桌论坛，各位专家聚焦"大数据、信息化与医院管理"展开探讨与分享，就"大数据、信息化与公共卫生防控"这一主题进行深入交流。

　　12 月，2022 年"白玉兰荣誉奖"颁授仪式以及"白玉兰纪念奖"颁授仪式分别在沪举行。共有 10 名外籍人士荣获"白玉兰荣誉奖"，其中有 6 名为美国籍，包括旧金山湾区委员会总裁兼首席执行官吉姆·旺德曼（Jim Wunderman）、博世（中国）投资有限公司执行副总裁徐大全、中国科学院上海药物研究所药物靶标结构与功能中心主任徐华强等。上海市市长龚正向获奖者颁发了奖章、证书。另有 50 位外籍人士获得"白玉兰纪念奖"，其中有 19 人为美国籍。

2022 年度
沪美地方交流数据概览

2020—2022 年上海与美国货物贸易交流情况

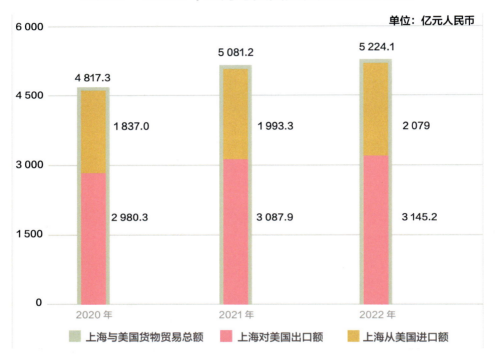

单位：亿元人民币

	2021 年 （亿元人民币）	2022 年 （亿元人民币）	同比变化 （%）
上海与美国货物贸易总额	5 081.2	5 224.1	2.8% ↑
其中，上海对美国出口额	3 087.9	3 145.2	1.9% ↑
其中，上海从美国进口额	1 993.3	2 079	4.3% ↑

2018—2022 年上海企业对美投资情况

个数

144　　111　　127　　108　　95

投资额

23.8　　9.14　　29.1　　10.21　　7.22

2018 年　　2019 年　　2020 年　　2021 年　　2022 年

上海企业投资额
单位：亿美元

上海企业投资项目
单位：个数

美国在沪投资累计实际使用外资情况

单位：亿美元

200

150

100

50

0

159.41　　165.55　　171.73

2020 年　　2021 年　　2022 年

美国企业累计在上海设立地区总部数量

年份	数量（个）	占上海地区总部数量（%）
2020	211	27.3
2021	224	27
2022	236	约 30

美国企业累计在上海设立外资研发中心数量

年份	数量（个）	占上海地区总部数量（%）
2020	140	29.1
2021	147	29
2022	158	约 30

2020—2022 年上海接待美、日、韩三国旅游者入境人次

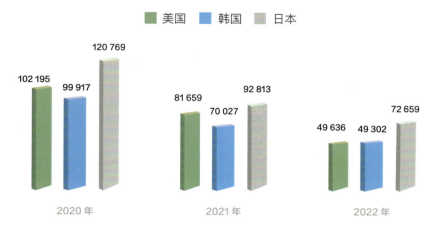

注：受疫情等因素影响，自 2020 年度起上海接待外国入境旅游者人次整体下降，但美国仍然是上海第二大客源国（仅按过夜外国人计）

2022 年上海接待美国旅游者入境人次

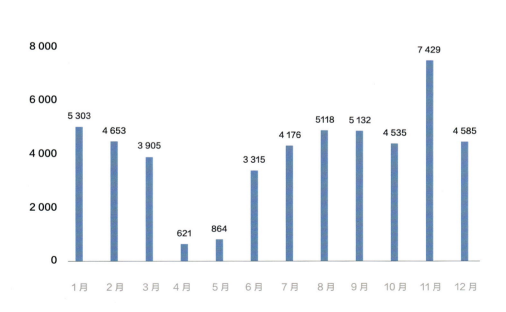

2020—2022 年
上海市文化和旅游局审批美国进出口艺术品（经营性）统计

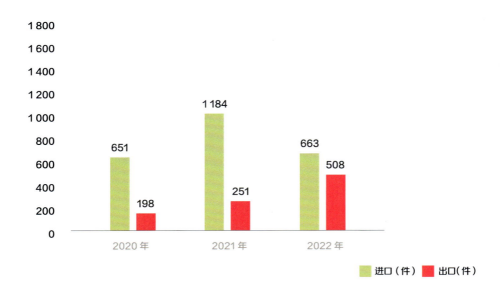

2020—2022 年
上海受理美国艺人在沪进行营业性演出统计

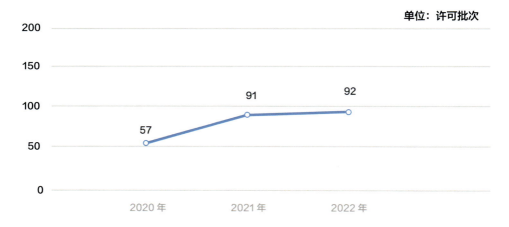

总序

仇朝兵

　　中美关系是一对非常复杂的双边关系,两国既存在深刻的矛盾、激烈的竞争甚至是冲突,也拥有广泛的共同利益。自 1979 年正式建交以来,中美关系的发展虽不断面临各种挑战,但整体而言,维持了积极发展的势头:高层互访频繁,双边各层次对话机制不断增加,并越来越制度化;双边经贸关系取得了长足发展,双边贸易额持续增加,双边直接投资也取得积极进展;两国军事关系也取得突破进展,两国防务部门在 2014 年签署了"两个互信机制"谅解备忘录("建立重大军事行动相互通报信任措施机制谅解备忘录"和"海空相遇安全行为准则谅解备忘录");人文交流不断扩大和深化,两国在教育、科技、体育、旅游等领域的交流与合作成果突出;在应对全球及地区挑战方面,两国也进行了密切磋商与合作,共同推动了一些地区和热点问题的解决,促进了世界和平、稳定与繁荣。中美之间已形成了全方位、多层次的交流与互动格局。

　　习近平主席经常强调,"国之交在于民相亲"。经过建交以来几十年的发展,中美关系的政治和社会基础已比较坚实。全面理解中美关系,既要全面审视两国政府层面的互动,还要认真考察民间、社会层面的交往;既要考察两国政治、经济、安全领域的互动,也要考察社会、人文领域的交往;既要关注两国中央政府层面的、宏观的、战略性的互动,也要全面考察地方政府和地方层面的、微观、具体的交往。中美关系,不仅仅是两国政府之间的关系,还是两个社会之间的关系;不仅仅是两国中央政府之间的关系,还包括两国地方政府之间的关系。随着两国各层次、各领域交往日益走向深入,中美关系的这一特征将会变得更加突出。随着各领域交流的增加,"地方"在中美两国关系中发挥的作用也将越来越重要。研究和关注"地方"层次的交往,将会为我们全面和深刻地理解中美关系提供一个崭新视角。研究"地方"在中美关系或中美交流中的作用,将成为中美关系研究的一个重要学术增长点。

上海是一座富有历史和文化内涵的城市,较早地受到欧风美雨的熏染。上海也是中国改革开放的重要窗口,在中美两国交往的历史中具有特殊地位。

鸦片战争后,中英签订的《南京条约》要求中国开放广州、厦门、福州、宁波、上海五处为通商口岸。美国在 1844 年 7 月与清政府签订的《中美五口通商章程》(《望厦条约》)要求循例准许美国人携带家眷赴广州、福州、厦门、宁波、上海等五港口居住贸易,这为近代美国与上海的接触提供了条约基础。美国与近代中国的经贸关系和文化交流日益深化,美国文化和制度开始对中国社会产生更深刻的影响。中华人民共和国成立后,以美国为首的西方世界对华采取了封锁、禁运和遏制政策,中国也采取了"先打扫屋子再请客"的做法。中国与西方世界相对隔绝了,上海在中华人民共和国对外交往中的地位和作用也无法得到充分发挥。

中美关系的正常化和中国的改革开放,为上海在对外交往,特别是在对美交流中发挥积极作用提供了广阔背景。1972 年 2 月 28 日发布的《上海公报》也充分体现着上海在中美两国交往中的独特地位。当前上海的整体教育发展水平、科技创新能力、经济开放程度、政府治理能力在全国各省、自治区及直辖市中都名列前茅。这既反映了上海改革开放取得的巨大成就,也体现着未来上海在对外交往,包括对美交往中的潜力和能力。

随着中国对外开放水平的不断提升、经济和社会文化事业的进步以及中美关系的发展,上海与美国地方在各个领域的交流与合作也越来越多,在中美两国交往的地位及其所发挥的作用也将会越来越突出。推动、扩大和深化上海与美国地方之间的交流,也必将有助于进一步推动上海的改革开放、经济发展、制度创新、社会治理、科技及教育进步与学术发展,进一步增进两国人民之间的了解和友谊,促进不同文化之间的理解、尊重和融合。因此,需要从政治和战略高度提高对地方交流之重要性的认识,把上海与美国地方的交流放在中国对外战略和中美关系的全局中进行思考;胸怀全局,脚踏实地,积极开展各类交流活动,充分利用好上海在全国政治、经济和文化中的独特地位和它作为现代化国际大都市的独特地位,充分发挥上海在对外、特别是对美地方交流方面的潜力。

研究上海与美国地方交流的历史与现状,对于拓展中美关系的学术研究领域和深化对中美关系之发展及其特点的认识都具有积极意义。上海市美国问题研究所组织编写的《上海与美国地方交流年度大事记》(以下简称《大事记》)在这方面进行了具有开创性的探索。

作为目前国内第一部以"地方交流"为考察中美关系之视角的著述,《大事记》有两大特点:第一是"全面"。它全面涵盖了上海与美国地方之间的各类交流活动,包括文化艺术活动、教育交流、电影发布、科技合作、人员互访、医疗卫生交流与合作、商业投资活动、学术交流与沪美校际合作等等,充分反映了上海与美国地方之间的年度交流成果;第二是"简洁"和"准确"。对上海与美国地方之间的每一项交流活动的介绍,语言简洁朴素,详略得当,可读性强,对关键信息表述准确完整。

正因具备这两个突出特点,《大事记》虽不属于精深的学术研究成果,但依然具有不可忽视的学术价值和社会价值。首先是史料价值。通过收集和整理上海与美国地方之间年度各种交流活动,《大事记》为未来人们深入研究中美关系保留了重要史料,并为进一步挖掘历史资料提供了重要线索。随着未来年度《大事记》的陆续出版,这种价值将会日益凸显;其次,《大事记》成为全面展示、记录上海与美国地方之间交流与合作成果的重要平台,为人们提供了一种更为丰富多彩的中美关系图景,有助于纠正关于中美关系的各种偏见或谬论;最后,《大事记》在如实展现上海与美国地方年度交流之成就的同时,也直观地呈现了交流中存在的问题,其"咨政"价值也是显而易见的。这有助于相关决策者有针对性地做出政策调整,进一步改进工作,更好地推动上海与美国地方之间的交流与合作。

持续扩大和推动上海与美国地方之间的交流与合作,有助于夯实中美关系的社会基础。全面了解和研究上海与美国地方之间在各领域的交流与合作活动,有助于我们更加全面、平衡地认识中美关系,也有助于塑造我们更积极的世界观和更健康的大国心态。相信《上海与美国地方交流年度大事记》在其中发挥的作用会越来越值得期待!

目　录

总序 / 仇朝兵

2022 年上海与美国地方交流年度评述

　　2022 年,《上海公报》发表 50 周年,这一年本应是上海见证中美关系走上新台阶、进入新时代的一年,然而多种因素交织,出现了一些新情况,值得密切关注。

　　上海与美国的经贸关系仍具韧性。拜登执政伊始就推出"友岸外包"的对华经济策略,其核心思路就是推进供应链多元化,减少对中国市场的依赖。这一背景下,上海从营商环境入手,千方百计提升城市竞争力、吸引力和活力。从数据看,近年来,美国企业累计在上海设立的地区总部和外资研发中心数量逐年增加,前者从 2020 年 211 个上升到 2022 年的 236 个,后者从 2020 年的 140 个上升到 2022 年的 158 个;2021 年度上海市外商投资企业百强榜单上,来自美国的企业居首位,共有 70 家;美国企业是中国(上海)进博会的"常客",五届进博会始终位于外国参展企业数量前列,并持续创新高,显示出上海仍是美国企业投资的热土。这其中有两个启示:其一,美国政府"去中国化"策略效果有限,其不得不改为"去风险"。其二,中国(上海)进博会发挥的作用巨大,通过这一开放平台,一方面,美国企业得以深度参与;另一方面,中方也得以促进内外大循环的畅通。

　　双方有充足意愿开展民间交流,但亟需改善交流条件、促进交流便利化。2022 年,为了减小疫情的负面影响,上海多次围绕营商环境、国际规则、市场动态、具体政策与美国企业沟通对话,取得了积极效果,带来美资数量和质量双攀升,也使得绝大部分在沪美国人感受到上海的开放和善意。值得注意的是,除了疫情导致的签证条件复杂和航班酒店价格昂贵等原因,政治因素也有所凸显,如美国以对等为由,要与中国重新谈判航班恢复等问题,这些因素导致上海与美国地方民间交往的总体数量尚未重归 2019 年的正常状态。

　　尽管如此,两国民间渴望合作的呼声和维护友好的努力一直未中断,以上海为例,年初"海派剪纸技艺线上看与学"中英双语项目拉开了沪美地方文艺交往的序幕;年中,上海交响乐团发起并联合纽约爱乐乐团特别制作的线上音乐会,直播累计观看量超 9.97 万人次;年末,上海博物馆举办"国际博物馆馆长对话"活动,成就了文博行业这场跨越山海的深度对话。以文化交往为载体的系列活动不仅赋予各自城市新的内涵,也受到了中美两地市民的热捧和支持。希望中美双方通过各种措施减少民间交流的不利因素尤其是政治因素,推动沪美地方民间交流的便利和正常化。

科研合作具有促进上海与美国地方深度交流的潜力,也是双方来往的重要载体。2022 年,大量沪上学术论文在美国顶级期刊发表。这些论文聚焦生物、物理、化学等科技领域,既显现上海首屈一指的科研实力和在中国的"龙头地位",也反映上海与美国地方在科研合作方面的潜力。目前中美正在围绕《中美科技合作协定》进行谈判,能否续签关系两国整体性的科技关系。

绿色低碳等领域将成为上海与美国地方交流的可持续的新兴增长点。过去四十年,中美关系的压舱石是经贸,同时伴随相当活跃的人文交流。拜登政府执政之后,绿色低碳成为中美深化合作的领域。这一背景下,上海—洛杉矶"绿色航运走廊"成为 2022 年沪美地方合作的亮点之一。上海—洛杉矶"绿色航运走廊"倡议是由上海港、洛杉矶港和 C40 城市气候领导联盟共同发起的,既有公共机构也有马士基、法国达飞海运集团、中国的上港集团和中远海运集装箱运输有限公司等企业参与。形式新颖,议题突出,具有前瞻性,对中美关系具有长远的塑造意义。

总的来说,上海与美国地方的交流对中美关系具有枢纽意义,也深层说明了中国与美西方多领域、多层次"联结"基础依旧存在。但必须意识到,上海对美国地方的交流确实面临日益增多的战略性、结构性约束。其中之一,2020 年 8 月,美国参议院外交关系委员会通过《城市与州外交法案》,拜登政府在国务院"全球伙伴关系办公室"设立"城市与州外交特别代表"加强了地方合作管控。由此,上海和美方交流合作可能受到联邦政府的约束管控增多。为此,上海应从自身做起:其一,继续创造更加包容的人员往来环境,以包容宽松的社会环境和超大市场的"虹吸效应"对冲美西方限制性政策。其二,充分利用中国(上海)国际进口博览会以及各类体育文艺、峰会开展公共外交。同时有序放开国际旅游市场。其三,注重发挥名人、华人华侨社区、大学在推动沪美、中美民间交流与合作中的作用,持之以恒、润物细无声必有成效。

上海社会科学院国际问题研究所国际战略
与中国外交研究室执行主任、副研究员　汤　伟
上海市美国问题研究所助理研究员　李奕昕

2022 年度大事记
1 月

1 日

△美国艺术家 Joy Brown 在中国的首次大型主题展览"在一起·JOY BROWN 雕塑展"在上海闵行文化公园举行,展出 13 件不同造型体态的"娃娃"雕塑,吸引市民游客驻足观看。

△美国期刊《当代生物学》(*Current Biology*)以"纹状体多巴胺 D1 受体阳性神经元促进小鼠觉醒(Striatal neurons expressing dopamine D1 receptor promote wakefulness in mice)"为题,在线发表了复旦大学上海医学院黄志力课题组关于调控睡眠觉醒行为的研究成果。该研究发现背侧纹状体多巴胺 D1 受体(Dopamine D1 receptor,D1R)阳性神经元参与觉醒的启动和维持,揭示了背侧纹状体 D1R 神经元调控觉醒及神经环路机制,为觉醒调控体系增加了新核团,为相关疾病伴发睡眠障碍的治疗提供潜在策略。

4 日

△上海(宝山)科创金融服务中心系列活动在沪举行。首轮活动主题聚焦生物医药领域,精选了 45 家中国生物医药创新企业与 57 家海外药企进行同台路演,项目来自中国、美国等国家,推广数百个资产全球合作机会。活动采取线下线上相结合的形式,共 50 位行业与投融资机构专家现场出席了开幕式和论坛,线上参会者超过 300 人。

△美国期刊《物理评论 X》(*Physical Review X*)以"Asymmetric Attosecond Photoionization in Molecular Shape Resonance"为题,发表了华东师范大学精密光谱科学与技术国家重点实验室吴健教授研究团队在阿秒超快科学领域的研究成果。该团队借助一氧化氮分子形状共振电离过程,首次实现了阿秒电离精密测量。

△美国期刊《可再生和可持续能源综述》(*Renewable and Sustainable Energy Reviews*)以"富氮原料厌氧发酵产沼气氨脱除减轻氨抑制的综述(Mitigation of ammonia inhibition in anaerobic digestion of nitrogen-rich substrates for biogas production by ammonia stripping：A review)"为题,发表了上海交通大学农业与生物学院生物质能工程研究中心长聘教授刘荣厚研究团队关于富氮原料厌氧发酵产沼气氨脱除减轻氨抑制的综述论文。该论文对脱氨工艺的优缺点和其对微生物群落的影响进行了深入讨论,并总结了氨脱除技术面临的挑战和未来发展方向,为富氮原料厌氧发酵氨脱除技术的发展及应用提供有价值的信息。

5 日

△第四届国际青少儿艺术科普展巡展首站在上海新华路社区开启,展示了来自中国、美国、英国等 13 个国家青少儿的优秀艺术科普作品。

6 日

△美国期刊《生态学与进化趋势》(*Trends in Ecology & Evolution*)以"Biodiversity at disequilibrium：updating conservation strategies in cities"为题,发表了华东师范大学陈小勇团队关于城市生物多样性保护新策略的研究成果。该团队指出成因不同的城市生境间生物多样性变化趋势及其驱动因素存在明显差异,相应的保护策略也应不同,并提出相关建议,能为新增生境中生物多样性保护与管理策略的制定提供重要依据。

△《美国化学会志》(*JACS*)以"Disulfide-Mediated Reversible Polymerization toward Intrinsically Dynamic Smart Materials"为题,发表了华东理工大学化学与分子工程学院、费林加诺贝尔奖科学家联合研究中心田禾院士和曲大辉教授课题组关于动态共价二硫可逆聚合材料应用进展的研究论文,对动态共价二硫可逆聚合的材料应用的系列工作进行了总结和展望。

7 日

△美国华盛顿大学圣路易斯分校营销学教授姜宝军到访上海大学,作题为"如何在产品共享领域开展高质量研究"的讲座。

△美国期刊《细胞》(*Cell*)以"肢体发育基因构成人类指纹花纹差异的基础

(Limb development genes underlie variation in human fingerprint patterns)"为题,发表了中科院上海营养与健康研究所汪思佳研究员团队、爱丁堡大学丹尼斯·海顿(Denis Headon)教授团队和中科院院士、复旦大学校长、人类表型组研究院院长金力教授团队联合国内外十余家科研机构的研究成果。该研究首次发现与指纹相关的基因显著富集在肢体发育与形成的相关通路而非皮肤发育相关通路,明确了人类肢体发育相关基因在指纹花纹表型的形成中发挥了关键作用,为肤纹与人体其它表型、尤其是疾病易感性的关联研究提供了重要理论基础,有望成为解析宏观与微观表型关联的经典范例。

10 日

△《美国化学会志》(JACS)以 "Secondary Amine Pendant β-Peptide Polymers Displaying Potent Antibacterial Activity and Promising Therapeutic Potential in Treating MRSA-induced Wound Infections and Keratitis"为题,发表了华东理工大学材料学院刘润辉教授课题组在治疗耐药菌感染研究中取得的成果。该研究发现,仲胺可以作为一类阳离子用于模拟宿主防御肽的结构设计,并以此获得具有高效抗菌活性的抗菌多肽聚合物。这一结构设计新思路对今后模拟宿主防御肽结构设计具有指导意义。

△《美国化学学会–纳米》(ACS Nano)以 "Biomimetic Hydroxyapatite Nanorods Promote Bone Regeneration via Accelerating Osteogenesis of BMSCs through T Cell-Derived IL-22"为题,发表了上海交通大学医学院附属第九人民医院口腔正畸科夏伦果、房兵教授团队的研究论文。该研究发现不同长径比的纳米棒羟基磷灰石(Hydroxyapatite, HAp)在小鼠下颌骨内调控 T 细胞比例增加并刺激 T 细胞分泌 IL-22 升高,可激活 BMSC 的 JAK1/STAT3 通路,促进小鼠的下颌骨再生修复,进一步完善了纳米材料介导免疫调控颌骨再生修复的理论,为纳米材料的研发及下颌骨修复临床转化提供依据。

11 日

△美国期刊《先进材料》(Advanced Materials)以 "P-doped NiTe2 with Te-vacancies in Lithium-Sulfur Batteries Prevents Shuttling and Promotes Polysulfide Conversion"为题,在线发表了华东理工大学化工学院功能炭材料研究团队在锂硫电池领域研究的新进展。该研究表明,空位诱导的异质原子掺杂

有助于提高锂硫电池的循环稳定性和大电流倍率性能;同时,也为其他储能器件的电催化剂设计提供思路。

△美国期刊《物理评论快报》(*Physical Review Letters*)以"Morphological Attractors in Natural Convective Dissolution"为题,发表了上海纽约大学数学助理教授黄金紫与美国海军学院副教授尼古拉斯·摩尔(Nicholas J. Moore)合作的关于尖峰类地貌的研究成果。该研究从数学的角度精确描述了尖峰类地貌的形成和演变,解析了"石林"状喀斯特地貌类可溶性尖峰的最终形态,推动了对于此类复杂的非线性形状演变问题的研究进程。

12 日

△上海市人民政府外事办公室副主任贝兆健在上海外办视频会议室,同美国史带战略控股集团总裁兼首席执行官钮小鹏等进行视频连线会议。

11—13 日

△2022 年美国国际演艺协会(ISPA)年会采用线上线下相结合的混合模式举办,主题是:当下的机遇(Opportunity for Now)。中国上海国际艺术节中心节目交易部外事经理孙怡然、交易会经理虞家轶参加了线上活动,观摩了新作品推介。美国未来学会执行董事玛瑞纳·戈碧斯(Marina Gorbis)在会上作题为"我们的水晶球(我们今天将如何思考未来? 如何构想未来的新蓝图)"的主旨演讲。

12 日

△美国期刊《科学进展》(*Science Advances*)以"De novo mutations identified by whole-genome sequencing implicate chromatin modifications in obsessive-compulsive disorder"为题,发表了上海交通大学生物医学工程学院林关宁教授团队与上海交通大学医学院附属精神卫生中心王振主任医师团队组合作的关于强迫症发病机理的研究成果。该研究是国际上首次从全基因组层面分辨超罕见的 OCD 突变来研究强迫症病因,也是首次提出强迫症的发病可能和染色质结构失调有关。

12—13 日

△上海国际问题研究院、美国战略与国际问题研究中心(CSIS)、彼得森国

际经济研究所(PIIE)联合举办"中美全球经济秩序对话"。上海国际问题研究院院长陈东晓、美国战略与国际问题研究中心高级副总裁马修·古德曼(Matthew P. Goodman)、彼得森国际经济研究所所长亚当·波森(Adam S. Posen)代表主办机构致辞。来自中国社科院世界经济与政治研究所、北京大学、中国国际发展知识中心、对外经济贸易大学、复旦大学、上海国际问题研究院、美国战略与国际问题研究中心、彼得森国际经济研究所、国际货币金融机构官方论坛(OMFIF)、全球发展中心、波士顿大学、雪城大学、美国亚洲协会政策研究所等院校机构的中美两国二十余名学者参会,围绕全球经济治理面临的挑战及中美两国在宏观金融、贸易、发展等领域的合作进行了深入的讨论。

13 日

△由上海交通大学主办的环太平洋大学联盟(APRU)可持续城市景观生态多样性学术研讨会在线上举行。美国加利福尼亚大学戴维斯分校城市科学助理教授亚历山德罗·奥索拉(Alessandro Ossola)作题为"城市生物多样性面临的全球挑战和机遇(Global Challenges and Opportunities for Urban Biodiversity)"的讲座。

△美国期刊《纳米快报》(*Nano Letters*)以"Regulating Optical Activity and Anisotropic Second-Harmonic Generation in Zero-Dimensional Hybrid Copper Halide"为题,在线发表了上海交通大学物理与天文学院王长顺教授课题组题在手性铜基卤化物光学活性调控和各向异性二次谐波研究中获得的重要进展。该课题为调控手性金属卤化物光学活性和各向异性二次谐波产生提供了新思路,提出了基于二次谐波圆二色性光谱表征手性材料的新方法。

15—16 日

△由美国华特迪士尼官方正版授权的迪士尼嘉年华音乐会在上海大剧院大剧场开启首轮巡演收官站演出。深受观众喜爱的《冰雪奇缘》《狮子王》《美女与野兽》《阿拉丁》《小美人鱼》等多部经典动画中的主题曲和配乐悉数登场,多首耳熟能详的曲目"漂洋过海",首次在中国舞台唱响。迪士尼嘉年华音乐会还以超大屏幕高清投放迪士尼原版动画影像,融合演唱。

16 日

△美国迈阿密大学数学系教授阮士贵通过腾讯会议为上海师范大学师生作

题为"Mathematical Modeling of Foot and Mouth Diseases"的讲座。

17 日

△《美国化学会志》(*JACS*)以"基于 UdgX 的在单碱基分辨率水平上的 DNA 脱氧尿嘧啶的检测技术"为题,发表了同济大学附属东方医院陈义汉院士团队在 DNA 测序技术领域的研究成果。该研究发明了灵敏性好、特异性强和分辨率高的 DNA 脱氧尿嘧啶(dU)检测技术,第一次用酶法在单碱基分辨率水平上精准检测 DNA 中的 dU,实现了 DNA 中 dU 碱基检测技术的根本性突破。

18 日

△上海市商务委员会主任顾军会见美国惠氏营养品副总裁曹敬衡一行。双方就总部和研发中心政策、企业本土化战略、企业未来发展规划与定位转型等话题进行了深入交流。

△美国期刊《材料学报》(*Acta Materialia*)以"Origin of the age-hardening and age-softening response in Mg-Li-Zn based alloys"为题,发表了上海交通大学轻合金精密成型国家工程研究中心吴国华教授团队在镁锂合金时效机制方面取得的重要研究进展。该研究提出的 Mg-Li-Zn 基合金中基于 $(Mg, Li)_3Zn$ 相转变的新型时效机制为深入分析镁锂合金的时效行为和热稳定镁锂合金设计提供了理论基础。

19 日

△IWO 英特尔世界公开赛(Intel World Open)在上海静安体育中心开幕。比赛分成线上及线下两种模式:1 月 19 日至 1 月 20 日,为线上阶段的比赛;1 月 21 日至 1 月 22 日,比赛在线下举行。作为上海 2022 年首个高规格线下电竞赛事,IWO 赛事由英特尔和完美世界电竞共同打造,给予更多热爱电子竞技的玩家们以登上更大舞台的机会。

△2021 外滩"创新治理"国际合作高峰论坛暨 2021 跨国企业"创新治理"社会责任杰出贡献奖颁奖仪式在沪举行。自 2021 年 10 月案例征集启动以来,论坛获得了近 500 家中外企业的关注及参与。现场,美国捷得建筑师事务所认领了"外滩社区公共空间再生"这一国际社区治理实践项目。

△美国期刊《临床内分泌代谢》(JCEM)以"17-羟化酶/17,20-裂解酶缺乏

症患者的表型异质性和生育潜力（Phenotypic Heterogeneity and Fertility Potential of Patients With 17-Hydroxylase/17,20-lyase Deficiency）"为题，发表了上海交通大学医学院附属第九人民医院内分泌科乔洁团队与辅助生殖科匡延平团队的研究成果。该研究通过 MDT 多学科诊疗，合作报道了 13 例 17α-羟化酶/17,20-裂解酶缺陷症（17OHD）诊疗案例，其中 2 例非经典型患者成功妊娠及生育。该团队深入研究发现该类患者具有较大的生殖潜力，借助于适当剂量的糖皮质激素抑制替代、合适的促排卵方案以及 IVF-ET 相结合的综合治疗手段，部分型酶缺陷非经典型 17-OHD 的女性患者可以成功妊娠。

20 日

△美国期刊《先进材料》（Advanced Materials）以"用于低阈值激光的直接带隙双层硒化钨（WSe2）/微球一体腔（Direct-Bandgap Bilayer WSe2/Microsphere Monolithic Cavity for Low-Threshold Lasing）"为题，发表了上海理工大学庄松林院士领衔的未来光学实验室、谷付星教授课题组关于光子集成芯片微纳激光器件的研究成果。该研究首次证明了使用多层过渡金属硫族化合物作为二维增益介质的可能性，同时为超紧凑激光器件提供了一种新的思路。

21 日

△美国期刊《科学》（Science）以"玻璃中稳定的钙钛矿纳米晶体三维直写（Three-dimensional direct lithography of stable perovskite nanocrystals in glass）"为题，发表了上海理工大学光子芯片研究院顾敏院士团队联合浙江大学邱建荣教授团队和之江实验室谭德志博士团队在纳米材料全息显示取得的重大突破。该研究通过在无色透明的玻璃内部实现带隙可控的三维（3D）半导体量子结构，首次实现了动态立体彩色全息显示。和目前的平面显示器相比，新型立体彩色显示器有更高的分辨率和信息容量，也为未来的"屏幕革命"拓展了更大的想象空间。

22 日

△美国期刊《代谢工程》（Metabolic Engineering）以"Secretory production of spider silk proteins in metabolically engineered Corynebacterium glutamicum for spinning into tough fibers"为题，发表了上海交通大学生命科

学技术学院钱志刚、夏小霞课题组合作的研究成果。该研究受蜘蛛分泌蛋白成丝的启发,利用生物安全(GRAS)、分泌效率高的谷氨酸棒状杆菌生产蛛丝蛋白,不仅规避了以往细胞内长时间滞留造成的蛛丝蛋白水溶性差、回收成本高和得率低的难题,而且建立了低分子量蛛丝蛋白制备高性能人工丝的新途径,为蜘蛛丝蛋白材料的绿色可持续合成及应用提供了新机遇。

24 日

△2021 年"上海市荣誉市民"称号、"白玉兰荣誉奖"颁授仪式在市政府举行。荣获"上海市荣誉市民"称号的美国籍人士雷蒙是上海纽约大学常务副校长,他参与创办了上海纽约大学,在培养、引进优秀人才、建设世界一流大学和一流本科教育、促进中美在多层次多领域的交流合作等方面作出了卓越贡献。上海市市长龚正在会见"荣誉市民"代表雷蒙时,感谢他为上海教育事业和推动中外友好交往所作出的突出贡献,希望雷蒙凝聚更多外籍人士参与上海高等教育发展和对外交流合作,带动更多美国和国际企业来沪创新创业。

△美国期刊《药物化学杂志》(*Journal of Medicinal Chemistry*)以"One-Pot Enzymatic Synthesis and Biological Evaluation of Ganglioside GM3 Derivatives as Potential Cancer Immunotherapeutics"为题,发表了上海交通大学药学院傅磊课题组研究团队的研究成果。该团队合成了具肿瘤免疫治疗价值的新型脂类药物前体,为功能性脂类的药物开发奠定了基础。

25 日

△《美国科学院院报》(*PNAS*)以"Ultrafast atomic view of laser-induced melting and breathing motion of metallic liquid clusters with MeV ultrafast electron diffraction"为题,发表了上海交通大学张杰院士和向导教授领导的实验组与西南交通大学罗胜年教授计算团队合作的研究成果。该研究首次将电子束脉宽压缩和时间矫正技术应用于超快电子衍射,提高了时间分辨能力以及单发探测能力;基于超过 1 000 个样品的数据累积,成功实现了对超快熔化全过程的高时空分辨探测。

△《美国化学会志-纳米》(*ACS Nano*)以"A moisture-wicking passive radiative cooling hierarchical metafabric"为题,发表了东华大学侯成义研究团队在辐射冷却织物领域取得的研究进展。该团队报道了一种兼具吸湿排汗功能

的被动辐射冷却织物,大面积地使用吸湿排汗辐射冷却织物有望为防护服等特种服装的湿热舒适性带来显著提升。

△美国期刊《先进材料》(*Advanced Materials*)以"Enabling Fast Na＋ Transfer Kinetics in the Whole-Voltage-Region of Hard Carbon Anodes for Ultrahigh Rate Sodium Storage"为题,发表了上海大学理学院可持续能源研究院张久俊院士和赵玉峰教授团队在高倍率低温钠离子电池硬碳负极材料的研究领域取得的重要进展。该工作实现了硬碳材料倍率和低温性能的大幅提升,使得钠离子电池快充和低温应用成为可能,将进一步推进钠离子电池产业化的进程。

26 日

△美国期刊《天体物理期刊》(*The Astrophysical Journal*)以"银河系中的气体动力学: 总质量分布及棒旋转速度(Gas Dynamics in the Galaxy: Total Mass Distribution and the Bar Pattern Speed)"为题,发表了上海交通大学物理与天文学院的沈俊太教授团队在银河系结构研究上取得的重要进展。该团队以气体动力学模型揭示银河系物质分布,可以帮助现有的宇宙学模拟更好地改进星系形成模型,并进一步理解银河系的演化历史。

27 日

△美国期刊《科学》(*Science*)以"Constructing heterojunctions by surface sulfidation for efficient inverted perovskite solar cells"为题,发表了华东师范大学物理与电子科学学院方俊锋团队在新型太阳能电池领域的研究成果。该研究首次将反型钙钛矿电池的转化效率提高到 24% 以上,还实现了电池稳定性的大幅提升。《科学》审稿人评价为:"突破了反型器件效率低这一长期以来困扰钙钛矿电池发展的关键瓶颈问题,为钙钛矿电池的研究的开辟了新的思路与方向。"

28 日

△美国期刊《科学进展》(*Science Advances*)以"Experimental warming reduces ecosystem resistance and resilience to severe flooding in a wetland"为题,发表了华东师范大学生态与环境科学学院博士研究生孙宝玉与中国科学院

烟台海岸带研究所韩广轩研究员课题组合作的研究成果。该研究基于野外控制实验与自然极端气候事件,报道了气候变暖与极端降雨事件对湿地生态系统的叠加效应,揭示了植被结构对生态系统碳循环响应极端气候变化的调控机理,对生态系统尺度的长期野外实验与理论建模具有重要的借鉴意义。

△美国期刊《科学进展》(*Science Advances*)以"Acylhydrazine-based reticular hydrogen bonds enable robust, tough, and dynamic supramolecular materials"为题,发表了华东理工大学化学与分子工程学院曲大辉研究团队在动态共价二硫聚合物材料领域再次取得的突破。该研究使聚硫辛酸类材料的拉伸模量范围首次覆盖到工程塑料的范围(与聚四氟乙烯相当),本质上拓展了该类材料的应用范畴。同时也为延伸高性能聚合物材料的使用寿命、促进塑料工业的可持续发展提供了新的策略。

29 日

△美国期刊《先进科学》(*Advanced Science*)以"hESCs-Derived Early Vascular Cell Spheroids for Cardiac Tissue Vascular Engineering and Myocardial Infarction Treatment"为题,发表了同济大学医学院刘中民教授和乐文俊副研究员团队关于缺血性心肌病治疗方法的研究成果。该团队结合人多能干细胞来源早期血管细胞的三维分化和 3D 生物打印技术,提出利用微血管细胞的三维分化和自组装功能构建具有微血管网结构的心肌组织,并证明早期血管细胞球相比其单细胞形式更适合应用于微血管化心肌组织的构建和心肌梗死的移植治疗。

30 日

△美国期刊《环境科学与技术》(*Environmental Science and Technology*)发表了上海交通大学环境学院环境健康团队、环境功能材料与污染控制新技术团队、钙钛矿光电和资源催化团队、固体废物处理处置与资源化团队、大气污染控制团队的研究成果。五项研究分别聚焦"心血管和降脂药物在超大城市水系的污染状况及其潜在生态风险""类芬顿反应靶向去除目标微污染物""有色冶炼行业中高浓度汞的高效回收""超稳定的巯基 MOF 海绵复合材料开发""硝酸盐废水快速高选择性脱氮"等方向,涵盖从基础研究到技术应用的全过程,为提升学科建设提供了有力支持。

31 日

△美国期刊《物理评论快报》(*Physical Review Letters*) 以 "Femtosecond Pumping of Nuclear Isomeric States by the Coulomb Collision of Ions with Quivering Electrons"为题,发表了上海交通大学张杰院士团队的陈黎明教授,与复旦大学马余刚院士团队的符长波教授合作,将激光等离子体应用于核物理研究的成果。该研究利用激光等离子体实现核同质异能态的超快泵浦,成为短寿命核同质异能素超快激发的首次实验验证,从而开启了激光"等离子体激发器"这种全新的核激发方式,可广泛应用于各种核激发与核合成的研究与应用。

本月

△上海港和洛杉矶港共同倡议建立"绿色航运走廊",以推动上海港和洛杉矶港之间以最清洁、低碳的方式实现港到港货物运输。"绿色航运走廊"倡议内容包括:有条件有意愿的航运公司沿此走廊,在 21 世纪 20 年代,分阶段使用低排放和超低排放船舶,到 2030 年开始逐步向使用零碳排放集装箱船舶过渡。

2022 年度大事记
2 月

2 日

△美国期刊《物理评论快报》(*Physical Review Letters*)以"A 1/3 power-law universality class out of stochastic driving in interacting systems"为题,发表了上海交大物理与天文学院特别研究员蔡子课题组的研究成果。该研究在随机相互作用系统中发现 1/3 幂律动力学普适类,为人们认识远离平衡态系统中的动力学普适类提供了新的视角,也与当前超冷原子领域中 cavity QED 的实验密切相关。

△《美国科学院院报》(*PNAS*)以"Hierarchical timescales in the neocortex: Mathematical mechanism and biological insights"为题,发表了上海交通大学自然科学研究院和数学科学学院的李松挺课题组利用微扰理论,揭示了大脑皮层中时间尺度层级化现象背后的数学机制和对应的生物学解释的研究成果。该研究为大脑皮层中时间尺度层级化现象的产生提供了定量的数学机制解释,并提出了可在实验上被检验的若干理论预测,对理解脑网络的结构特点如何支持其动力学性质和功能具有重要意义。

△美国期刊《科学进展》(*Science Advances*)以"Electro-assembly of a dynamically adaptive molten fibril state for collagen"为题,发表了华东理工刘昌胜院士和屈雪教授团队在电化学组装生物材料领域取得的研究进展。该团队报道了一种胶原蛋白的电化学组装新策略。通过电信号构建具有动态自适应特性的胶原"熔融原纤维态"(molten fibril state)平台材料,实现了对胶原基生物材料结构与功能的仿生定制。展示了电信号调控生物大分子组装的巨大潜力,将为基于胶原蛋白的新型生物材料的定制开发提供新的机遇。

3 日

△美国期刊《物理评论快报》(*Physical Review Letters*)以"Generating

Haar-uniform Randomness using Stochastic Quantum Walks on a Photonic Chip"为题,发表了上海交通大学物理与天文学院金贤敏、唐豪课题组实现基于量子随机行走的哈尔随机酉矩阵的研究成果。该研究建立了该理论方案在三维光量子芯片体系中的映射,首次实验实现基于量子随机行走的哈尔随机酉矩阵,可应用于玻色采样等一系列量子信息处理模块中。

4 日
△《美国化学会志》(*JACS*)以"Near-infrared light-excited reactive oxygen species generation by thulium oxide nanoparticles"为题,发表了上海交通大学材料科学与工程学院陶可副研究员、孙康教授研究团队的研究成果。该研究发现可在近红外光照射下产生活性氧的材料,为光动力治疗拓展至体内深部病灶打下了材料基础。

△《美国化学会志》(*JACS*)以"Interlayer Structure Manipulation of Iron Oxychloride by Potassium Cation Intercalation to Steer H2O2 Activation Pathway"为题,发表了华东理工大学杨雪晶特聘研究员等在钾插层氧基氯化铁非传统高级氧化研究中取得的突破。该研究通过插层化学理解和调节铁基材料的催化活性提供了新见解。

△《美国化学会志》(*JACS*)以"Stereodivergent Chirality Transfer by Noncovalent Control of Disulfide Bonds"为题,发表了华东理工大学化学与分子工程学院曲大辉教授团队在二硫动态手性化学领域取得的重要研究进展。该工作首次实验证明了 S-S⋯H-N 氢键的存在及其在手性传递中的关键作用,其中揭示的实验结果可能对理解二硫键在复杂超分子环境(如蛋白质)中的动态手性和功能具有启示性意义,并将二硫键这一动态分子单元作为引入到超分子化学的研究范畴。

美国当地时间 2 月 5 日
△"海派剪纸技艺线上看与学"中英双语项目在美国"中国新年家庭日"活动中,通过美国艺术博物馆向全美 400 多个家庭在线成功推出。由上海市文化和旅游局推荐的 90 后海派剪纸传承人李诗忆通过窗花剪纸教学视频,以轻松活泼的形式巧妙展现了中国非遗技艺在新时代的传承与创新,受到美国主流观众特别是青少年群体的热烈欢迎。

8 日

△美国期刊《植物细胞》(*The Plant Cell*) 以 "CONSTITUTIVE EXPRESSER OF PATHOGENESIS-RELATED GENES 5 is an RNA-binding protein controlling plant immunity via an RNA processing complex" 为题,发表了上海师范大学生命科学学院王水课题组在植物免疫调控机理上取得的突破性进展。该研究发现一个 RNA 结合蛋白 CPR5,通过 RNA 加工复合体调控植物免疫。RNA 加工是增加信号分子多样性的一个重要途径。CPR5 将 RNA 加工和植物免疫两大生命基本过程联系起来,为揭示植物免疫可塑性调控的机理奠定理论基础。

10 日

△中共中央政治局委员、上海市委书记李强与美国美敦力公司全球董事长兼首席执行官杰夫·马萨举行视频连线。李强表示,生物医药是上海重点发展的三大先导产业之一,市场需求旺盛,发展前景广阔。美敦力在全球医疗器械领域久负盛名,也是上海发展的见证者、参与者和贡献者。欢迎与上海进一步深化合作,把更多医疗器械创新产品和项目落到上海,在中国国际进口博览会上发布展示更多最新成果。杰夫·马萨表示,中国市场对美敦力具有重要战略意义,相信上海将成为未来尖端医疗科技的重要来源地。将继续扎根上海,加大投资布局,把握进博会机遇,引入更多先进技术和诊疗方案,为助力上海建设亚洲医学中心城市、推动优质医疗资源覆盖更多患者作出积极贡献。

△《美国化学会志》(*JACS*) 以 "A Powerful Chiral Super Brønsted C–H Acid for Asymmetric Catalysis" 为题,发表了上海师范大学化学与材料科学学院赵宝国教授团队与中国科学院上海有机化学研究所丁奎岭院士团队联合发展一类具有超强酸性的新型手性 Brønsted 碳酸的论文,丰富和拓展不对称 Brønsted 酸催化化学。

△《美国化学学会——应用材料与界面》(*ACS Applied Materials & Interfaces*) 以 "Polyimide-Sputtered and Polymerized Films with Ultrahigh Moisture Sensitivity for Respiratory Monitoring and Contactless Sensing" 为题,发表了上海理工大学庄松林院士、张大伟教授领导的超精密光学制造创新团队的 2019 级硕士生王楠的研究论文。该成果报道了一种用于呼吸监测和非接触传感的超高灵敏聚酰亚胺溅射和聚合湿敏薄膜,提供了制备湿度传感器的新

思路,新型聚合物湿度传感器有望应用于生物体呼吸监测和无接触感应等领域。

11 日

△上海市人民政府举行 2022 年度外资项目集中签约仪式,53 个外资项目集中签约,投资总额 54.4 亿美元,折合 343 亿元人民币。其中,总部位于美国的上海嘉沃文盛股权投资合伙企业(有限合伙)合同外资增资至 3.8 亿美元;总部位于美国的爱思开海力士半导体落户上海漕河泾科技绿洲,为临港集团、漕河泾开发区抢占半导体赛道增添新动能。

△美国期刊《物理评论快报》(*Physical Review Letters*)以"All-Optical Entanglement Swapping"为题发表了华东师范大学精密光谱科学与技术国家重点实验室荆杰泰教授课题组在量子信息研究领域取得的重要进展。该课题组提出并实验实现了一种无测量的全光量子纠缠交换协议,为实现量子纠缠交换提供了一种全光学模式,并为构建无测量的全光宽带量子网络奠定了基础。

△美国期刊《科学进展》(*Science Advances*)以"Versatile ginsenoside Rg3 liposomes inhibit tumor metastasis by capturing circulating tumor cells and destroying metastatic niches"为题,发表了复旦大学药学院王建新课题组关于抑制三阴性乳腺癌肺转移的研究成果。该课题组设计了一种简单高效的新型多功能人参皂苷脂质体,在靶向捕获 CTC 的同时破坏癌细胞转移微环境,从而达到了显著的抑制三阴性乳腺癌肺转移效果。

△美国期刊《科学进展》(*Science Advances*)以"A programmable high-expression yeast platform responsive to user-defined signals"为题,发表了华东理工大学蔡孟浩课题组在新型酵母表达设计方面取得的重要进展。该课题组开发了可响应用户自定义信号的高效酵母蛋白表达平台,实现了高强度、可调控、可编程的用户自定义信号响应型基因表达,为毕赤酵母在蛋白生产和生物合成领域提供了更为广阔的应用场景和更为高效的通用表达平台。

美国当地时间 2 月 11 日

△由中国驻洛杉矶总领事馆指导、上海市归国华侨联合会支持,上海博物馆和美国上海商会、美国鹰龙传媒联合举办的"2022 年庆新春中华文化之夜暨上海博物馆之夜"在美国洛杉矶举行,展示来自上海博物馆青花蓝系列、中国红系列和江南春系列的文创艺术精品。中国驻洛杉矶总领事张平表示,这场文化的

盛宴,让我们不仅可以欣赏到优美的江南文化,更可以看到中华文化的传承和发扬。

12 日

△美国期刊《胃肠病学》(*Gastroenterology*)以"Fecal signatures of Streptococcus anginosus and Streptococcus constellatus for non-invasive screening and early warning of gastric cancer"为题,发表了上海交通大学医学院附属仁济医院副院长、消化科主任房静远教授团队关于胃癌筛查的重要生物标志物的研究成果。该研究首次发现并揭示了胃癌患者粪便标本中富集的两种细菌——咽峡链球菌(Sa)及星座链球菌(Sc)可能成为用于预警胃癌及其癌前病变的无创生物标志物。未来仅需几克粪便样本,即可无创、精准、灵敏地预警与筛查胃癌。该方法有望成为早期发现胃癌的有效筛检手段,为更多患者带来福音。

14 日

△《美国科学院院报》(*PNAS*)以"Identification of Fenton-like active Cu sites by heteroatom modulation of electronic density"为题,发表了同济大学环境科学与工程学院王颖教授团队联合中国科学技术大学研究团队在水污染领域的研究成果。该研究通过在碳基底中引入缺电子的硼元素(B)或富电子的磷元素(P),系统调节了 Cu 中心的电子密度,并研究了其对活化 PMS 降解双酚 A (BPA)的反应动力学的影响。其中,Cu-N4/C-B 材料具有最佳的催化氧化能力,优于绝大部分非均相类芬顿催化剂。该项研究工作为单原子金属中心的电子结构调控和原子水平上的构效关系提供了深入见解。

18 日

△美国驻上海总领事何乐进(James Heller)率文化领事胡丹尼(Den Hoopingarner)、政治领事戴杰森(Jack Dart)等一行访问复旦大学。校长金力会见了何乐进一行,副校长陈志敏、美国研究中心主任吴心伯、国际合作与交流处处长卢丽安陪同会见。金力对总领事一行的来访表示欢迎。他回顾了复旦大学与美国高校的历史渊源和合作情况,特别提到复旦与哈佛、耶鲁等美国顶尖高校之间活跃的学生交流、教师互访和科研合作,强调中美高校合作及两国青年交

流的重要性,并表示复旦大学将继续深化和拓展与美国高校的合作与交流,拓展合作空间,提升联合研究、联合培养人才的水平,努力为增进两国人民的相互了解作出积极贡献。

△美国期刊《先进材料》(*Advanced Materials*)以 "Macroscale conjugated microporous polymers: controlling versatile functionalities over several dimensions" 为题,发表了东华大学张卫懿研究员、廖耀祖教授团队联合德国柏林工业大学阿恩·托马斯(Arne Thomas)教授在宏观共轭微孔聚合物领域的综述论文。该综述首次提出了宏观共轭微孔聚合物(Macroscale conjugated microporous polymer, MCMP)新概念。重点阐述了 MCMP 潜在的合成技术与宏观形貌的相关性。基于此类材料,从吸附、分离、过滤、能量存储和转换、光热转化、传感及催化等应用方面总结了近年来的相关成果。作者最后还讨论了该研究领域未来所面临的机遇与挑战,为进一步研究宏观共轭微孔聚合物提供了理论依据和重要参考。

19 日

△美国期刊《肝脏病学》(*Hepatology*)以 "Genome-wide Meta-analysis Novel Susceptibility Loci for Autoimmune Hepatitis Type 1" 为题,发表了由上海交通大学医学院附属仁济医院消化科马雄教授牵头,联合来自全国 14 家医院的中国自身免疫性肝炎联盟(Chinese AIH Consortium)的关于自身免疫性肝炎治疗的最新研究成果。该研究发现两个新的自身免疫性肝炎(AIH)的易感位点,对揭示自身免疫性肝炎的发病机制具有重要作用,为研发自身免疫性肝炎有效治疗策略提供了新思路。

21 日

△美国期刊《植物细胞》(*The Plant Cell*)以 "Activation and negative feedback regulation of SlHY5 transcription by the SlBBX20/21 - SlHY5 transcription factor module in UV-B signaling" 为题,发表了上海交通大学农业与生物学院尹若贺课题组的研究论文。该研究发现番茄响应紫外光 UV-B 新机制,解析了紫外光瞬时诱导 HY5 转录的调控机制,进一步拓展了 UV-B 转录调控网络,为设施园艺植物响应光环境信号提供了新的理论支撑。

22 日

△由复旦大学美国研究中心、上海市美国问题研究所、上海市美国学会共同举办的"中美关系：相互尊重 和平共处 合作共赢——纪念《上海公报》发表50周年研讨会"在上海锦江小礼堂举行。来自上海、北京、广州的专家、学者参加了会议。新华社、光明日报、文汇报、新民晚报、上海观察、澎湃新闻及上海电视台、凤凰卫视、深圳卫视等媒体对会议进行了报道和采访。

23 日

△美国期刊《纳米能源》(*Nano Energy*)以"In-situ Constructing a Rigid and Stable Dual-layer CEI Film Improving High-voltage 4.6 V LiCoO2Performances"为题，发表了上海大学材料基因组工程研究院先进能源材料研究所刘杨、郭炳焜团队在高压 $LiCoO_2$ 界面层设计与构筑方面取得的重要进展。该研究为高比能锂离子电池界面稳定 CEI 膜的原位构筑提供了一种新的设计思路。

24 日

△华东师范大学携手上海纽约大学共同举办"知识搭起的桥梁：50 年中美高等教育交流与合作回顾"线上对话，以纪念中美两国之间的第一个联合公报《中华人民共和国和美利坚合众国联合公报》(即《上海公报》)发表 50 周年。中华人民共和国前外交部长李肇星、艾格尼丝斯科特学院前校长玛丽·布朗·布洛克、耶鲁大学前校长理查德·查尔斯·莱文以及浙江大学前校长杨卫等应邀出席了活动。他们回顾、分享了各自在加强两国合作关系、特别是中美高等教育交流合作方面的经历与经验，并展望中美高等教育合作的未来。

25 日

△美国旧金山湾区委员会举办 2022 年中国农历新年视频连线庆祝活动。旧金山湾区委员会总裁吉姆·旺德曼，上海市杨浦区区长薛侃，美国加州审计长余淑婷、财政部长马世云、议员丁右立，帕罗奥多市市长派特·伯特，中国驻旧金山总领事馆参赞邹沛民，全国友协美大工作部副主任孙涛等出席并先后致辞。杨浦区副区长施方出席湾区委员会上海办事处视频会议和线下交流活动。

△上海纽约大学常务副校长雷蒙和校长童世骏一同受邀出席由上海美国商会、美国百人会和美中关系全国委员会在上海外滩茂悦酒店举行的《中华人民共

和国和美利坚合众国联合公报》(即《上海公报》)发表 50 周年纪念活动。来自政、商、学界的嘉宾通过线上或线下方式参会,共同探讨中美民间交往、经贸往来和外交活动对中美关系的影响。演讲嘉宾有:尼克松时期的美国国家安全事务助理及国务卿基辛格博士、花旗中国首席执行官林钰华(Christine Lam)、上海社科院副院长黄仁伟等。

△成立于美国西海岸的咖啡品牌蓝瓶咖啡在苏州河畔正式对外营业。这是该品牌在中国内地开出的首店。

△美国期刊《分子细胞》(*Molecular Cell*)以"Dynamic Control of Chromatin-associated m6A Methylation Regulates Nascent RNA Synthesis"为题,在线发表了复旦大学生物医学研究院研究员沈宏杰、蓝斐联合牛津大学Ludwig 肿瘤研究所教授 Yang Shi 和哈佛医学院教授凯伦·阿德尔曼(Karen Adelman)合作研究成果。该研究发现伴随转录产生的新生 RNA m6A 修饰可促进转录,该功能通过抑制 Integrator 复合物招募而实现,揭示了 m6A 修饰对于转录调控的重要作用。

△《美国科学院院报》(*PNAS*)以"5-methylcytosine modification by Plasmodium NSUN2 stabilizes mRNA and mediates the development of gametocytes"为题,发表了同济大学医学院、附属同济医院教授张青锋课题组联合生命科学与技术学院江赐忠、厦门大学袁晶及美国国立卫生院托马斯·韦伦斯(Thomas Wellems)等团队关于表观转录组调控疟疾传播的新机制的研究成果。该研究首次揭示了表观转录组调控疟原虫配子生殖的表观遗传调控新机制,鉴定了新调控因子 NSUN2 并阐明其作用机制,为疟疾传播阻断新措施的研发提供了新靶点。

26 日

△上海市欧美同学会举办纪念《上海公报》发表 50 周年民间外交联谊活动。活动中,与会者忆往昔、讲故事、叙友情、话期待,为中美民间外交友好关系注入新的活力。上海纽约大学常务副校长雷蒙表示,50 年前,中美领导人摒弃偏见、求同存异,为中美两国发展奠定了坚实基础。今天,我们要继续传承两国人民50 年来的友谊,共创美好未来。

△上海美国商会会长郑艺接受上海观察专访。采访中,对于美国国内关于"过度依赖中国市场对美国企业不利"的观点,郑艺表示,随着中国用工成本增

加、人口红利减少及美国企业产业链多元化考虑,确实有些美资企业作出微调。但他强调,目前没有看到"明显的"美资企业撤离中国趋势,"特别是,没有企业在调整供应链时选择回到美国。"

28 日

△由中国人民对外友好协会、中国人民外交学会、上海市人民政府和中国美国人民友好协会以线上、线下相结合的方式共同举办的《上海公报》发表 50 周年纪念大会在上海锦江小礼堂举行。中共中央政治局委员、上海市委书记李强出席大会开幕式并致辞。国务委员兼外交部长王毅向大会发表视频讲话。美国驻华大使馆临时代办米德伟、美国驻沪总领事何乐进、美国驻穗总领事耿欣等出席。中美两国各界人士 700 余人以线上线下结合方式参与大会。当晚,中国人民对外友好协会和上海市人民政府共同举办《上海公报》发表 50 周年纪念音乐会,以音乐为媒,展示中美两国人文交流成果。

△美国凯悦酒店集团与安踏体育用品有限公司宣布将在上海打造首开业界先河的 FILA 斐乐品牌酒店——上海斐乐酒店(FILA HOUSE Shanghai)。该酒店坐落于安踏集团全球零售总部——上海安踏中心 5 号楼,共 10 层,建筑面积 11 946 平方米。

本月

△美资企业佑尼梭斯贸易(上海)有限公司被上海市商务委员会认定为跨国公司地区总部。

2022 年度大事记
3 月

1 日

△美国期刊《微型生物》(*mBio*)以"Stimulated organic carbon cycling and microbial community shift driven by simulated cold-seep eruption"为题，发表了上海交通大学海洋学院张宇团队的研究成果。该团队利用深海环境模拟技术，结合宏基因组学分析，揭示了冷泉的喷发推动有机碳循环和微生物群落结构的改变，对估算海洋甲烷源汇具有重要意义。

△美国期刊《应用物理学报》(*Applied Physics Letters*)以"Characteristics of a freezing nanosuspension drop in two different schemes"为题，发表了上海理工大学能源与动力工程学院 2019 级本科生苗言明与新加坡南洋理工大学、钱学森空间技术实验室、中国空气动力发展中心合作的在逐滴液滴凝固技术领域的研究成果。该成果报道了一种纳米流体液滴冻结过程中特征变形行为，揭示了纳米颗粒组分对液滴介微观形貌的动力学调控机制，对逐滴液滴凝固加工技术研究和应用具有重要的学术意义和应用价值。

4 日

△美国期刊《细胞》(*Cell*)以"Local hyperthermia therapy induces browning of white fat and treats obesity"为题，发表了华东师范大学生命科学学院肥胖与代谢性疾病课题组马欣然、徐凌燕研究员联合上海交通大学附属第六人民医院代谢病遗传学课题组胡承教授，以及华东师范大学生命科学学院生物质纳米材料课题组张强研究员在肥胖与代谢性疾病领域取得的重要突破。该团队经过 5 年的实验和合作研究，发现人类的米色脂肪(beige fat)通过局部热疗激活产热，可大大减轻肥胖症状并改善代谢紊乱。该研究成果为干预肥胖提供了新靶标和新策略。

6日

△浦东"未来车"代表企业之一、总部位于美国的纽劢科技宣布，已与伯泰克汽车电子有限公司正式签署战略合作协议。双方将在自动驾驶领域开展面向量产的广泛合作，携手开发和部署先进的智能驾驶软硬件集成方案，进一步推动自动驾驶技术的大规模商业化落地应用。

7日

△美国期刊《微型生物》（*mBio*）以"植物防御信号水杨酸通过提高植物病原黄单胞菌的胞内和胞外 pH，激活 RpfB 降解酶活性，诱导 DSF 群体感应信号翻转（The Plant Defense Signal Salicylic Acid Activates the RpfB-Dependent Quorum Sensing Signal Turnover via Altering the Culture and Cytoplasmic pH in the Phytopathogen Xanthomonas campestris）"为题，发表了上海交通大学生命科学技术学院何亚文教授团队在植物病原黄单胞菌群体感应与水杨酸信号互作领域取得的重要进展。该研究充分证明植物产生的 SA 信号还可以直接作用于入侵的病原菌，干扰其群体感应系统和致病性，丰富了研究者对黄单胞菌与十字花科植物之间相互作用的理解。

△美国期刊《物理评论快报》（*Physical Review Letters*）以"Coexistence of Ferroelectriclike Polarization and Dirac-like Surface State in TaNiTe5"为题，发表了上海交通大学物理与天文学院钱冬教授研究组和张文涛教授、罗卫东教授、史志文教授和贾金锋教授研究组合作的研究成果。该研究结合角分辨光电子能谱（ARPES）、扫描隧道显微镜（STM）、压电力显微镜（PFM）以及第一性原理计算，研究了拓扑半金属材料 TaNiTe5 的拓扑狄拉克表面态、非中心对称的表面原子弛豫以及铁电极化现象，在实验上发现了拓扑相和铁电金属相共存的新体系，为研究铁电金属以及拓扑表面态的共存提供了新的平台。

8日

△《美国化学会志》（*JACS*）以"Interplay of StericEffects and Aromaticity Reversals to Expand the Structural/Electronic Responsesof Dihydrophenazines"为题，发表了华东理工大学化学与分子工程学院、费林加诺贝尔奖科学家联合研究中心田禾院士团队关于共轭分子发光机制研究的新进展。该团队从一个全新的角度解读了位阻效应与芳香性规则对共轭分子构型和光物理性质的影响，为指

导超大 Stokes 位移和宽光谱动态发光材料的创制奠定了理论基础和技术支撑。

9 日

△《美国科学院院报》(*PNAS*)以"Olfactory regulation by dopamine and DRD2 receptor in the nose"为题,发表了华东师范大学生命科学学院脑功能基因组学教育部重点实验室殷东敏课题组关于嗅觉调控的外周靶点的研究成果。该研究阐明了鼻腔中的多巴胺 D2 受体可作为嗅觉调控的外周靶点,可能有助于治疗精神分裂症病人的嗅觉障碍。

△美国期刊《地球物理通讯》(*Geophysical Research Letters*)以"Responses of horizontally expanding oceanic oxygen minimum zones to climate change based on observations"为题,发表了上海交通大学海洋学院周韫韬副教授团队关于海洋最小含氧带面积的研究。该团队利用观测数据证实近六十年来海洋最小含氧带(Oxygen Minimum Zone, OMZ)面积的快速扩张,揭示了全球海洋最小溶解氧以及其存在深度具有显著的空间异质性,对于理解 OMZ 长期变化对海洋生态系统稳定性和资源管理方面具有重要意义。

△美国期刊《科学进展》(*Science Advances*)以"Metal Organic Framework Enabled Ultra-Selective Polyamide Membrane for Desalination and Water Reuse"为题,发表了同济大学环境科学与工程学院王志伟教授团队联合范德堡大学林士弘教授与香港大学汤初阳教授关于水回用与海水淡化的研究成果。该团队针对水回用与海水淡化中典型小分子污染物——硼与二甲基亚硝胺(NDMA)传统反渗透(RO)膜去除率低的瓶颈问题,创新性地基于油水自由界面纳米片自组装传热传质同步调控,研制了一种新型超高选择性聚酰胺 RO 膜,实现了水中硼与 NDMA 的高效去除(>90%)。该成果为海水淡化、污/废水深度处理和水回用中 RO 膜技术效能提升提供了新思路。

10 日

△《美国科学院院报》(*PNAS*)以"A coherent FOXO3-SNAI2 feed-forward loop in autophagy"为题,在线发表了同济大学生命科学与技术学院薛雷教授课题组在细胞自噬领域的研究成果。该研究揭示了 Snail 家族蛋白调控细胞自噬新功能——调控自噬,阐明了 FoxO 蛋白核质穿梭的新机制,有望为肿瘤等相关疾病提供新的药物靶点。

12 日

△上海外国语大学举办主题为"假消息与全球传播"的国际研讨会,以线上线下相结合的方式举行。中国和中国港澳台地区、美国等全球 200 余位专家学者与会,就全球不同地区在数字媒体时代面临的假信息的生产者、传播者、传播媒介等诸多问题进行了充分探讨。哈佛大学肯尼迪学院教授、《假消息评论》联合创始人及联合主编 Matthew Baum 和奥克兰理工大学教授、世界新闻教育理事会主席 Verica Rupar 发表了主旨演讲。

14 日

△美国期刊《先进材料》(*Advanced Materials*)以"Piezoelectric Dynamics of Arterial Pulse for Wearable Continuous Blood Pressure Monitoring"为题,发表了上海交通大学机械与动力工程学院张文明教授和电子信息与电气工程学院杨斌教授合作团队在人体动脉脉搏压电动力学方面取得的新突破。该团队从人体血液动力学和柔性压电动力学基础出发,提出了人体动脉脉搏压电动力学分析新方法,揭示了压电脉搏波与人体血压波之间完善的映射关联关系,突破了柔性 MEMS 压电传感在连续血压监测方面关键技术瓶颈,为穿戴式血压监测领域的发展提供了新的途径。

△美国期刊《野外机器人杂志》(*Journal of Field Robotics*)以"Lifting-principle-based design and implementation of fixed-wing unmanned aerial-underwater vehicle"为题,发表了上海交通大学海洋学院副研究员魏照宇联合兄弟单位共同研发固定翼海空跨域飞行器的成果。研究人员成功设计和试飞了一种基于升力原理的新型潜航型固定翼海空跨域飞行器,中文名为"龙虱一Δ",具备了空中高速飞行、水下航行以及快速机动跨越水气界面的能力。

15 日

△美国期刊《自噬》(*Autophagy*)以"Phosphatidic acid suppresses autophagy through competitive inhibition by binding GAPC(glyceraldehyde-3-phosphate dehydrogenase)and PGK(phosphoglycerate kinase)proteins"为题,发表了上海交通大学农业与生物学院/上海市现代种业协同创新中心薛红卫课题组和生命科学技术学院林文慧课题组合作的研究成果。该研究揭示了 PA 通过结合 3-磷酸甘油醛脱氢酶(GAPCs)或磷酸甘油酸激酶 3(PGK3),竞争

性抑制自噬关键复合体的形成，进而抑制细胞自噬，为细胞自噬调控机制研究提供了重要线索。

△《美国化学会志》（JACS）以 "Engineering Photomechanical Molecular Crystals to Achieve Extraordinary Expansion Based on Solid-State［2＋2］Photocycloaddition" 为题，发表了华东理工大学化学与分子工程学院、费林加诺贝尔奖科学家联合研究中心曲大辉教授和童非特聘研究员关于光响应分子晶体的研究进展。该团队报道了基于固体[2＋2]光环加成的工程光力学分子晶体实现异常膨胀，为合理设计分子结构和工程晶体形态提供了一种可能的方法，以促进更有趣的光力学行为。

16 日

△《美国化学会志》（JACS）以 "Short Oligonucleotides Facilitate Co-transcriptional Labeling of RNA at Specific Positions" 为题，发表了上海交通大学生命科学技术学院、微生物代谢国家重点实验室刘昱课题组关于 RNA 位点特异性标记的研究论文。该课题组研发了一种 RNA 共转录-位点特异性标记的新方法，克服了对长链 RNA 分散多位点的标记效率低以及位点选择上的限制性，成功应用于高效标记长度超过 200 个核苷酸的 RNA。

△美国期刊《细胞·物理科学报告》（Cell Reports Physical Science）以 "一种用于自适应被动辐射冷却和加热的可扩展水性无二氧化钛热变色涂层（Scalable and waterborne titanium-dioxide-free thermochromic coatings for self-adaptive passive radiative cooling and heating）" 为题，发表了上海理工大学顾敏院士领导的光子芯片研究院能源光子学创新团队张轶楠特聘教授、王彤特聘副研究员联合复旦大学合作的在被动辐射制冷领域取得的重要进展。该研究报道了一种低成本、可扩展的自适应辐射制冷薄膜涂层，由此实现了辐射制冷和太阳加热涂层的温度感知智能切换和大规模制备，将在全年建筑物节能方面具有非常高的优越性，同时在人工智能、光电子芯片、大数据中心的制冷方面发挥重要价值。

美国当地时间 3 月 16 日

△美国冰淇淋制造商艾德丽安在其位于洛杉矶的门店发布了一张用上海品牌"大白兔"糖纸包裹的甜筒的照片后，该产品迅速在社交媒体上走红，成为店里

的明星产品。

17 日

△日内瓦药品专利池组织宣布,上海迪赛诺等 5 家中国制药企业进入美国药企辉瑞新冠口服药"奈玛特韦/利托那韦组合"(Paxlovid)的"特仿"名单。在新冠肺炎疫情仍是突发公共卫生事件期间,这些企业可以免专利费生产 Paxlovid 的核心成分奈玛特韦。这项许可协议有助于向全球约 53% 的人口供应治疗新冠的药品。

△美国期刊《公共科学图书馆生物学》(*PLOS Biology*)以"大脑偏侧化的动态改变与认知表现存在关联(Dynamic changes in brain lateralization correlate with human cognitive performance)"为题,发表了复旦大学类脑人工智能科学与技术研究院张捷研究员课题组联合浙江大学心理与行为科学系的孔祥祯研究员团队关于大脑偏侧化的研究成果。该团队提出了一种刻画大脑偏侧化的动态变化的新方法,并使用该方法构建了大脑偏侧性动态变化图谱,揭示了这种偏侧化时变特性与认知灵活性及语言理解能力等高级认知功能的重要关联。该研究为探索大脑功能偏侧化这一大脑重要功能组织特征的动态变化特性以及揭示偏侧化如何支持高级认知能力提供了新的视角。

△美国期刊《科学》(*Science*)以"Spectroscopy signatures of electron correlations in a trilayer graphene/hBN moiré superlattice"为题,发表了上海交通大学物理与天文学院陈国瑞副教授与美国麻省理工物理系巨龙助理教授课题组等的合作研究成果。该研究报道了在石墨烯莫尔超晶格体系中强关联现象的首个光谱学证据。

20 日

△美国期刊《先进科学》(*Advanced Science*)以"Microbial Metabolite Inspiredβ-Peptide Polymers Displaying Potent and Selective Antifungal Activity"为题,发表了华东理工大学材料科学与工程学院刘润辉教授课题组在抗真菌感染聚合物的研究中取得的进展。该团队通过模拟链霉菌代谢物 ε-聚赖氨酸的结构,设计合成了一类活性高、毒性低的抗真菌 β-多肽聚合物,聚(DL-二氨基丙酸)(PDAP),并报道了其优异的体内安全性和有效治疗真菌角膜炎感染的效果,展示了 PDAP 在抗真菌领域具有广阔的应用前景。

21 日

△美国期刊《植物生理学报》(*Plant Physiology*)以 "Pivotal roles of ELONGATED HYPOCOTYL5 in regulation of plant development and fruit metabolism in tomato" 为题,发表了上海交通大学农业与生物学院尹若贺课题组在蔬菜基础生物学领域的研究成果。该研究揭示了转录因子 HY5 在调控番茄"光徒长"和"果实代谢"等方面具有重要的功能。

△美国期刊《纳米快报》(*Nano Letters*)以 "Resonant laser printing of optical metasurface" 为题,发表了华东师范大学精密光谱科学与技术国家重点实验室青年研究员朱晓龙博士在超高分辨激光结构色打印及全息成像领域获得的突破。该团队通过构筑具有临界耦合共振效应的光学薄膜微腔,利用脉冲激光打破体系临界耦合状态下的对称性来生成光学超表面结构,发现在临界耦合点附近,由外场微扰产生的结构相变可使入射光的振幅和相位等产生剧烈变化,实现了光场的大范围调控。该研究对超高速、超高分辨激光打印结构色和全息成像及规模化应用具有重要意义。

22 日

△美国期刊《先进材料》(*Advanced Materials*)以 "Engineering Hibiscus-like Riboflavin/ZIF-8 Microsphere Composites to Enhance Transepithelial Corneal Cross-linking" 为题,发表了复旦大学附属眼耳鼻喉科医院周行涛、黄锦海团队与温州医科大学附属眼视光医院高蓉蓉团队合作,以 MOF 为载体装载核黄素的跨上皮角膜交联研究的论文。该团队研制的核黄素复合纳米材料具有显著的角膜渗透性,在动物实验中证实交联后的角膜具备了高度的抗酶溶解和抗扩张性能。该自主研发的新型核黄素复合纳米材料也具有良好的生物安全性和稳定性,有望成为新型的跨上皮角膜交联纳米药物。目前团队正在推进下一步的临床评价工作,有望让角膜太薄而不符合传统方案的重症患者也有机会接受角膜交联手术,同样也有望适用其他角膜扩张性疾病,为圆锥角膜治疗带来新的突破。

△美国期刊《细胞通讯》(*Cell Reports*)以 "Neddylation is essential for β-catenin degradation in Wnt signaling pathway" 为题,发表了上海中医药大学交叉科学研究院中药化学生物学研究中心屈祎课题组关于结肠癌治疗的研究成果。该研究利用特异性小分子抑制剂,揭示了结肠癌治疗靶标 β-catenin 的降解

新机制。

△纪念上海大学建校100周年系列高端讲座第1期《创业者对逆境的反应》在Zoom在线会议室举行。主讲人为美国圣母大学门多萨商学院(Mendoza College of Business, Notre Dame University)创业学教授迪恩·谢泼德(Dean Shepherd)。讲座由上海大学管理学院副院长于晓宇教授主持。谢泼德教授就慢性逆境(Chronic adversity)相关的系列研究进行了专题分享,对在逆境下的多个创业研究模型进行了细致阐述。

25 日

△美国期刊《实验医学学报》(*Journal of Experimental Medicine*)以"AMFR drives allergic asthma development by promoting alveolar macrophage-derived GM-CSF production"为题,发表了上海交通大学药学院钱峰教授课题组关于哮喘调控新机制的研究成果。该研究阐明了警报素TSLP参与调控哮喘的分子机制,揭示了在肺泡巨噬细胞中,自分泌运动因子受体(autocrine motility factor receptor, AMFR)通过影响TSLP信号通路,调节GM-CSF表达,进而调控哮喘这一新型机制,填补了该研究领域的空白,使AMFR成为治疗哮喘的新药物靶标。

30 日

△上海国际问题研究院院长陈东晓出席美国对外关系委员会智库理事会(Council of Councils)举办的第五次视频会议。来自美国、欧洲、俄罗斯、中国、日本、韩国、印度、印尼等二十国集团(G20)成员国及新加坡、波兰、尼日利亚、以色列、比利时等共24个国家智库成员单位的近60位专家代表与会,就乌克兰危机的走势及为预防下一个全球大流行病发生的全球卫生治理议题进行了讨论。上海国际问题研究院国际战略研究所所长吴莼思、全球治理研究所所长助理赵隆、世界经济研究所所长助理叶玉等一同出席。

31 日

△总部位于美国的投行高盛集团发布在华招聘启事,其中一半以上的职位需求落在上海。

下旬

△上海交通大学生物医学工程学院教授,上海交通大学"王宽诚"冠名讲席教授、博士生导师、Med-X 研究院院长,Med-X-仁济医院干细胞研究中心主任高维强因其在肿瘤干细胞领域的开拓性贡献,当选美国医学与生物工程院会士(AIMBE Fellow)。

本月

△世界第四十七届光纤通讯大会(Optical Fiber Communication Conference and Exhibition)在美国加州圣地亚哥举行。上海交通大学电子信息与电气工程学院电子工程系区域光纤通信网与新型光通信系统国家重点实验室博士研究生许维翰的论文"Fully Integrated Solid-State LiDAR Transmitter on a Multi-Layer Silicon-Nitride-on-Silicon Photonic Platform",荣获康宁杰出学生论文大奖(Corning Outstanding Student Paper Competition Grand Prize Winner)。该论文基于新兴的硅-氮化硅多层集成平台,设计实现了芯片级固态激光雷达发射机。研究结果实验验证了硅-氮化硅多层集成平台在激光雷达应用领域的巨大潜力,为芯片级高性能激光雷达样机的搭建积累了重要的技术储备与工程经验。该奖项旨在发现光纤通信与光电子领域的新生力量,评比考查学生科研工作的创新水平与其沟通表达能力。

△上海大学理学院物理系尹鑫茂教授与新加坡科学院院士安德鲁・维(Andrew Wee)教授等合作者在美国出版集团威利(Wiley)出版专著 *Introduction to Spectroscopic Ellipsometry of Thin Film Materials*：*Instrumentation*，*Data Analysis*，*and Applications*。全书深入浅出地介绍了椭圆偏振光谱技术的物理原理及光谱数据分析,且全面细致地总结了尹鑫茂教授及其团队近年来利用椭圆偏振光谱在各种不同的新型量子材料中进行的研究。

△上海实现外贸出口额为 1 340.66 亿元,比去年同月增长 22.4%。其中,对美国出口 256.81 亿元,增长 30.2%。(数据来源于上海市统计局)

2022 年度大事记
4 月

2 日

△特斯拉发布 2022 年第一季度交付报告。数据显示,2022 年第一季度,特斯拉全球交付量超过 31 万辆,在全球新冠肺炎疫情与供应挑战下依旧保持了较高的交付水平。其中,上海超级工厂继续稳站特斯拉全球出口中心地位。1 月上海超级工厂出口量达到 40 500 辆,2 月出口量为 33 315 辆,为中国"智"造在国际舞台上再扩战果。

△美国威廉玛丽学院(College of William & Mary)数学系主任史峻平教授通过腾讯会议为上海师范大学师生作题为"Spatial Modeling and Dynamics of Organic Matter Biodegradation"的讲座。

3 日

△美国期刊《大脑皮层》(*Cerebral Cortex*)以"Sapap4 deficiency leads to postsynaptic defects and abnormal behaviors relevant to hyperkinetic neuropsychiatric disorder in mice"为题,在线发表了华东师范大学心理与认知科学学院李春霞副研究员及其合作者团队关于突触功能障碍的研究成果。该研究提供了突触蛋白 Sapap4 在突触中发挥重要作用的证据,发现了 Sapap4 功能障碍与躁狂症等多动性精神障碍间的潜在关联,为理解多动性精神疾病的病理机制提供了新思路。

4 日

△上海中医药大学国际教育学院与美国意向性大学教学机构(Intentional College Teaching)合作的英语在线课程培训项目第一期开课,来自 10 个学院的 42 名承担全英文教学任务的教师或国际化专业任课教师参加本次培训。该项目旨在进一步提升国际教育全英语师资的英语教学能力。

5 日

△《美国化学会志》以 "Dynamically Formed Surfactant Assembly at the Electrified Electrode-Electrolyte Interface Boosting CO2 Electroreduction" 为题,发表了华东理工大学化工学院李春忠教授课题组在二氧化碳电催化界面微环境调控领域取得的新进展。该工作研究了表面活性剂在电催化剂表界面的动态组装行为,以及 CO2 和水在界面微环境的动态分布和反应活性。对界面微环境的认识可以推广到其他与水有关的电化学反应中,如水溶液中的氮气还原、氧气还原以及有机分子电还原。

6 日

△《美国科学院院报》(PNAS) 以 "Ultrafast isolated molecule imaging without crystallization" 为题,发表了上海交通大学张杰院士和向导教授领导的课题组在单分子的超快原子分辨成像上取得的新进展。该团队将相干衍射成像技术拓展到单分子的尺度,实现了一种新颖的单分子结构解析方法,该方法结合三维准直及分子降温技术后,有望应用于更复杂的生物大分子结构解析。

△中国科技技术协会和美国科学促进会的合作期刊《研究》(Research) 以 "Electrochemical Evaluation of Tumor Development via Cellular Interface Supported CRISPR/Cas Trans-Cleavage" 为题,发表了上海大学生命科学学院李根喜教授团队关于肿瘤发展评价策略的研究成果。该团队提出了比率型电化学方法,不仅在预测肿瘤的发展阶段方面具有很大的潜力,而且为同时监测多个癌症标志物而预测肿瘤发生发展提出了新的可能,对研究肿瘤的发展机制和药物治疗也具有重要的指导意义。

7 日

△华东师范大学与美国纽约大学联合研究中心执行委员会会议在线上召开,旨在对两校共建的 6 个联合研究中心中的 5 个联合研究中心首次评估工作及结果形成共识,以便尽快向各联合研究中心中外方主任发布未来发展的《联合指导意见》。执委会成员华东师范大学副校长顾红亮,上海纽约大学教务长衞周安,上海纽约大学科研副教务长、研究中心主任钱安琪与会。双方深入研讨了各联合研究中心的评估结果和未来发展指导性意见,部署了联合研究中心评估收尾工作,进一步明确了后续周期性评估的模式及两校对联合研究中心未来发展

的支持计划。此外,还讨论了发布《联合指导意见》的方式及时间、部分中心主任的续聘事宜及新增非投票理事会成员及执委会成员等事宜。

8 日

△约翰斯·霍普金斯大学物理与天文学教授、美国科学院院士亚当·里斯于上海交通大学建校 126 年之际,在线现身"大师讲坛",讲解"奇妙的宇宙膨胀史",超 5 000 人次在线聆听。

△美国期刊《基因组研究》(*Genome Research*)以"Long-read sequencing of 111 rice genomes reveals significantly larger pan-genomes"为题,发表了上海交通大学生命科学技术学院韦朝春团队和中国农业科学院作物科学研究所合作的关于水稻泛基因组构建方法的研究成果。该研究构建了针对三代测序(TGS)数据的水稻泛基因组构建方法。

12 日

△美国期刊《专家系统及其应用》(*EXPERT SYSTEMS WITH APPLICATIONS*)以"Pre-SMATS:一种基于多任务学习的小型多阶段季节时间序列预测模型(Pre-SMATS:a Multi-task Learning Based Prediction Model for Small Multi-stage Seasonal Time Series)"为题,在线发表了由上海理工大学光电学院计算机科学与技术 2018 级本科生吴诗玲为第一作者、光电学院彭敦陆教授为通讯作者的学术论文。该论文创新性地提出利用原始季节性时间序列中隐含的阶段特征来增强数据特征,并利用阶段性来表达季节性,结合深层神经网络的多任务学习思想,提出了由特征提取器、子任务分类器、主任务预测器三部分构成的小多阶段季节性时间序列的预测模型 Pre-SMATS,在真实数据集的实验结果表明了所提模型的有效性。

14 日

△上海国际问题研究院院长陈东晓和学术咨询委员会主任杨洁勉受邀参加由欧洲和平研究所举办的中美俄三国学者会议,会议重点讨论了俄乌局势和欧洲及全球安全框架。与会的美方代表有前美高级外交官托马斯·皮克林(Thomas Pickering)、哈佛大学谈判专家威廉·乌瑞(William Ury),俄方学者为俄罗斯国际事务委员会总干事安德烈·科尔图诺夫(Andrey Kortunov)等。

△美国期刊《微型生物》(*mBio*)以"Structural and functional analysis of DndE involved in DNA phosphorothioation in the haloalkaliphilic archaea Natronorubrum bangense JCM10635"为题,发表了上海交通大学生命科学技术学院、微生物代谢国家重点实验室的吴更教授团队与武汉大学王连荣教授团队合作的关于 DNA 磷硫酰化修饰的研究成果。该研究首次详细阐明了一个古菌来源的、在 DNA 磷硫酰化修饰途径中起重要作用的蛋白 DndE 的结构和功能,加深了人们对于 DNA 磷硫酰化修饰的认识和理解。

△《美国化学会志》(*ACS*)以"Tuning the Solid- and Solution-State Fluorescence of the Iron-Chelator Deferasirox"为题,发表了华东理工大学化学与分子工程学院,费林加诺贝尔奖科学家联合研究中心贺晓鹏教授团队与合作者关于构筑超级细菌荧光传感阵列研究的新进展。该团队发展了基于分子工程策略改性传统铁螯合剂药物,进而构筑超级细菌多色荧光传感阵列,对细菌感染的早期诊断和精准治疗有重要意义。

△《美国化学会志》(*ACS*)以"Heterochiral β-Peptide Polymers CombatingMultidrug-Resistant Cancers Effectively without Inducing Drug Resistance"为题,发表了华东理工大学材料学院刘润辉教授课题组在治疗耐药肿瘤研究中取得的突破性成果。该研究以 β 多肽聚合物模拟宿主防御肽发现了高效抗耐药肿瘤功能,是设计和发现潜在抗耐药肿瘤分子的有效策略。

15 日

△美国期刊《人脑图谱》(*Human Brain Mapping*)以"Neural mechanisms of the mood effects on third-party responses to injustice after unfair experiences"为题,在线发表了华东师范大学心理与认知科学学院李先春教授和高晓雪研究员的研究团队关于个人的经历对后续决策影响的研究成果。该团队结合近红外(fNIRS)技术,揭示了不公平经历对第三方不公正回应的情绪效应及其神经机制。

△美国期刊《分子细胞》(*Molecular Cell*)以"WWC proteins mediate LATS1/2 activation by Hippo kinases and imply a tumor suppression strategy"为题,发表了复旦大学生物医学研究院/复旦大学附属儿科医院余发星课题组关于靶向 Hippo 通路的抗癌疗法的研究成果。该研究不仅揭示了 Hippo 通路上游核心组分的分子调控机制,还为开发靶向 Hippo 通路的肿瘤治

疗方案提供了全新策略,在基础及转化研究层面都推动了 Hippo 领域的发展,为后续的研究提供了理论基础及应用工具。

16 日

△第 25 届哈佛中国论坛在美国哈佛大学举办。中央广播电视总台北美总站站长、上海外国语大学 87 届英语和国际新闻专业校友江和平就中美关系发展新阶段、全球可持续发展的中国力量发表闭幕式致辞。江和平认为中美两国是对全球的稳定安全、经济繁荣和技术创新负有责任的大国,在充满危机与不信任的当下,中美两国坦诚进行直接交流,携手共进具有时代的必要性。同时,呼吁在座嘉宾参与到"GAI 全球行动倡议活动"中,呼吁社会各界贡献智慧和力量,彰显时代责任,携手引领人类历史发展重回正确轨道,为推动构建人类命运共同体作出贡献。

18 日

△中国学术期刊《自然科学基础研究》(*Fundamental Research*)以 "Operating pesticide use reduction within the boundary of food security in peri-urban settings"为题,发表了上海交通大学中英国际低碳学院张宇泉副教授课题组与美国德克萨斯农工大学的布鲁斯·麦卡尔(Bruce McCarl)资深教授、上海交通大学农业与生物学院的曹正伟和李强关于城郊农业的建模研究成果。该研究以上海市"十三五"期间 20%农药减量目标为例,自主开发并应用局部均衡模型,探索该政策对上海地方食物保障和环境的多重影响。

19 日

△美国期刊《大脑皮层》(*Cerebral Cortex*)以"The hyper-brain neural couplings distinguishing high-creative group dynamics:an fNIRS hyperscanning study"为题,在线发表了华东师范大学心理与认知科学学院郝宁教授团队关于高创造性团体如何进行高水平的创造性活动的研究成果。该研究描绘了高创造性团体在动态创造过程中的行为特征,并利用近红外(fNIRS)超扫描技术揭示其背后的脑际神经互动基础。该研究再次证明"执行控制网络和默认网络相关脑区之间的协同"对创造力具有重要作用,还进一步强调镜像神经网络对团体动态创造过程的关键作用,推进了学界对"高创造性团体的脑际神经互动基础"的认识。

△《美国科学院院报》(*PNAS*)以"Origin of iodine preferential attack at sulfur in phosphorothioate and subsequent P-O or P-S bond dissociation"为题,发表了上海交通大学生命科学技术学院、微生物代谢国家重点实验室教授赵一雷研究团队在硫修饰 DNA 研究的最新进展。该研究阐明了磷硫酰化修饰位点与碘分子之间超强"硫-碘"卤键引发了一系列化学反应,导致在硫修饰位点发生 DNA 骨架剪切或硫氧转化,揭示了在碘切法深度测序中硫修饰位点高选择性剪切的分子机制。

20 日

△总部位于美国的投行摩根大通发布在华招聘启事,其中有一半以上的职位需求落在上海。

21 日

△《美国化学学会–纳米》(ACS Nano)以"Engineering Magnetic Anisotropy and Emergent Multidirectional Soft Ferromagnetism in Ultrathin Freestanding LaMnO3 Films"为题,发表了上海纽约大学物理学助理教授陈航晖带领的团队与上海科技大学、美国阿贡国家实验室及美国国家标准技术研究所合作的研究成果。该团队在实验制备的氧化物薄膜中发现"软磁"这一特殊物理性质并从理论层面探析其成因。

22 日

△美国期刊《物理评论快报》(Physical Review Letters)以"Critical Phenomena in Dynamical Scalarization of Charged Black Holes"为题,发表了上海引力波探测前沿科学基地团队关于黑洞的研究成果。该研究独创性地利用非线性动力学机制寻找"带毛"黑洞,首次发现黑洞"长毛"过程中的普适临界现象。该研究提供的孤立黑洞吸积标量场,从无毛黑洞变成带毛黑洞的物理过程,为引力波探测及事件视界望远镜观测提供了更加丰富的黑洞物理观测信号源,对黑洞物理深入研究做出了重要贡献。

△美国期刊《现代物理评论》(Reviews of Modern Physics)以"Interfacial Thermal Resistance:Past, Present and Future"为题,发表了同济大学物理科学与工程学院/声子学与热能科学中心陈杰教授和徐象繁教授,南京师范大学量子输运与热能科学中心周俊教授,南方科技大学材料科学与工程系、物理系李保文

教授的长篇综述文章。该文章从理论模型和实验技术进展角度,全面介绍了近30年来界面热阻领域的长足发展。此文也是为纪念界面热阻发现200周年而作。

25 日

△美国期刊《先进科学》(*Advanced Science*)以"Temperature and rainfall patterns constrain the multidimensional rewilding of global forests"为题,在线发表了华东师范大学生态与环境科学学院周旭辉教授团队联合西班牙塞维利亚自然资源和农业生物研究所、澳大利亚新南威尔士大学、荷兰瓦赫宁根大学和东北林业大学等多家机构的国内外学者的研究成果。该研究通过对全球120个长期森林恢复实验进行研究分析,指出气候变化将限制森林恢复对生物多样性和生态系统功能的多维效应。

26 日

△《美国心脏病学会杂志-基础转化科学》(*JACC:Basic to Translational Science*)以"Nicotinamide Mononucleotide Alleviates Cardiomyopathy Phenotypes Caused by Short-Chain Enoyl-CoA Hydratase 1 Deficiency"为题,发表了复旦大学附属儿科医院桂永浩教授团队与复旦大学生命科学学院赵健元教授团队合作的关于儿童心肌病的研究成果。该研究发现脂肪酸氧化关键酶ECHS1的缺乏会通过增强p300介导的H3K9乙酰化促进心肌纤维化相关基因表达,进而导致心肌病相关表型。该研究同时提供了一种可通过烟酰胺单核苷酸靶向干预H3K9乙酰化来预防ECHS1缺乏导致心肌病的干预方案。

27 日

△美国期刊《物理评论快报》(*Physical Review Letters*)以"Search for Cosmic-Ray Boosted Sub-GeV Dark Matter at the PandaX-II Experiment"为题,发表了上海交通大学牵头的PandaX合作组成员刘江来、周宁、崔祥仪等和李政道学者葛韶锋、紫金山天文台研究员袁强合作,PandaX-II二期实验寻找宇宙线加速轻暗物质的结果。这是首次由暗物质直接探测实验开展数据分析寻找这一信号,也是PandaX实验组首次同国内理论学者合作完成从唯象理论提出到实验探测的全链条研究。

△2022年度上海电机学院-美国北爱荷华大学中美学生领袖论坛采用线上

视频会议的方式召开。本次论坛由上海电机学院商学院和美国北爱荷华大学商学院联合举办,主题为中美双方文化和商业交流。

28 日

△美中贸易全国委员会与上海市商务委员会就疫情对在沪美资企业带来的经营和业务挑战进行了视频交流。上海市商务委副主任诸旖,以及外资处、促进处、机场办事处、浦东机场海关、和浦东机场货运公司的领导出席了本次会议,为 21 家参会企业答疑解难。会议就企业面临的挑战,如物流运输中断、工厂停产、供应链断裂等问题,进行了高效务实的交流。美中贸易全国委员会上海代表处首席代表许子兰女士感谢上海市商务委在困难时期对会员企业的大力支持。

△上海中医药大学与美国杜肯大学(Duquesne University)举行视频会议。杜肯大学校监大卫·道西(David Dausey)、兰格斯健康科学学院院长费夫兹·阿辛奇(Fevzi Akinci)、杜肯-中国健康研究所所长陈旸、上海中医药大学校长徐建光、国际交流处处长林勋、康复医学院党总支书记向延卫、康复医学院院长单春雷、公共健康学院院长赵海磊、党委校长办公室副主任张怡、康复医学院副院长刘晓丹及相关工作人员参加会议。双方全面回顾了合作以来所取得的主要成果,就下一步合作计划展开热烈讨论。

△《美国化学会志》(*JACS*)以 "CatalyticAsymmetric Diarylation of Internal Acyclic Styrenes and Enamides" 为题,发表了华东理工大学化学与分子工程学院、费林加诺贝尔奖科学家联合研究中心陈宜峰教授课题组在烯烃的不对称催化构建多层次手性中心领域取得的研究进展。该课题组利用两类简便易得的非环状内烯(肉桂基氨基甲酸酯和烯酰胺两种烯烃)为起始原料,实现了钯催化内烯的不对称 Heck 型 1,n-双芳基化反应。该反应能够以专一的区域选择性和非对映选择性以及高对映选择性分别实现含有两个连续手性中心的三芳基丙醇、三芳基乙胺类衍生物的模块化合成。

△《美国化学会志》(*ACS*)以 "3,6-Carbazoylene Octaphyrin (1.0.0.0.1.0.0.0) and Its Bis-BF2 Complex" 为题,发表了上海大学理学院化学系超分子化学与催化研究中心雷川虎课题组联合华南理工大学虞华康教授、美国德克萨斯大学奥斯汀分校乔纳森·塞斯勒(Jonathan L. Sessler)院士合作关于固体激光染料的研究成果。该研究首次将扩展卟啉大环化合物应用于激光染料,实现了具有低阈值、高品质因子和良好工作稳定性的远红光波段激光发射,为高性能有机染料

激光器的实现提供了新的发展思路。

△美国期刊《纳米能源》(*Nano energy*)以"A stretchable hardness sensor for systemic sclerosis diagnosis"为题,发表了复旦大学附属中山医院皮肤科杨骥主任团队联合复旦大学微电子学院卢红亮教授团队关于皮肤硬度检测方法的研究成果。该团队开发了一款体积小、可拉伸,易贴合的基于柔性电子技术的皮肤硬度检测传感器,并在硬皮病患者中验证了其评估皮肤硬度的客观性、敏感性和便捷性。该传感器的临床使用可更加灵敏且特异地评估患者皮肤硬度的改变,从而科学客观地评判硬皮病治疗效果和预后。该方法也可推广应用于广泛的健康人群皮肤弹性的判断,具有广阔的临床和市场应用前景。

△美国艺术与科学院公布新一批院士名单,上海科技大学免疫化学研究所特聘教授、中科院院士饶子和当选外籍院士(IHM, International Honorary Members)。

29 日

△《美国化学学会-纳米》(*ACS Nano*)以"Single-Molecule Micromanipulation and Super-Resolution Imaging Resolve Nanodomains Underlying Chromatin Folding in Mitotic Chromosomes"为题,发表了上海交通大学生物医学工程学院王宽诚讲席教授邵志峰与长聘副教授丹尼尔·柴可夫斯基(Daniel Czajkowsky)领导的科研团队关于染色体高级结构的研究成果。该研究报道了运用超分辨显微成像以及结合单分子显微镜的多模态技术研究哺乳动物细胞中期染色体高级结构的重要研究进展。

30 日

△复旦大学美国研究中心与美国乔治城大学(Georgetown University)"美中全球问题对话倡议"(Initiative for U. S. -China Dialogue on Global Issues)共同举办三场"中美学生对话"活动,对话分别聚焦"全球治理概况""中美人文交流""中美在全球治理中的作用"三个主题,同时兼顾"绿色发展"和"全球健康"两个议题。对话以 Zoom 会议形式展开,中美双方共 24 名国际政治、国际关系、公共治理专业的本科生和硕博研究生参与。复旦大学国际问题研究院院长、美国研究中心主任吴心伯教授和美国乔治城大学副校长托马斯·班科夫(Thomas Banchoff)教授,作为双方的教师代表联合主持三场对话。每场对话的时长约 90 分钟,全程采取教授引导、学生主导、分组讨论、小组汇报的对话模式。

2022 年度大事记
5 月

2 日

△美国期刊《数学进展》(*Advances in Mathematics*)以 "Weak convergence and spectrality of infinite convolutions" 为题,在线发表了华东师范大学数学科学学院分形团队李文侠教授、苗俊杰副教授及博士研究生王志强关于奇异测度谱性的研究。该研究拓展了奇异测度谱性的研究对象,构造了丰富的支撑集非紧的奇异谱测度,并证明了这些支撑集的维数具有介值性性质。

4 日

△中国科学技术协会和美国科学促进会的合作期刊《研究》(*Research*)以 "Continuity Scaling: A Rigorous Framework for Detecting and Quantifying Causality Accurately" 为题,发表了复旦大学数学学院、智能复杂体系基础理论与关键技术实验室林伟教授团队关于动力学因果框架的研究成果。该团队提出动力学因果的数学框架及检测方法,切实完善了动力学因果关系的理论和算法体系,为动态复杂系统核心结构辨识提供了有效途径,具有广泛的应用前景。

5 日

△美国期刊《自然-遗传学》(*Nature Genetics*)以 "Improving polygenic prediction in ancestrallly diverse populations" 为题,发表了由美国哈佛大学及 Broad 研究所葛天团队、黄海亮团队以及上海交通大学 Bio-X 研究院秦胜营团队合作的关于多基因风险评分新方法的研究成果。该研究建立了一种新的多基因风险评分算法能够更准确地预测不同人群的疾病风险。

△美国杨伯翰大学教授吕克宁通过腾讯会议为上海师范大学师生作题为 "Ergodicity, mixing, limit theorems for quasi-periodically forced 2D stochastic N-S Equations" 的讲座。

美国当地时间 5 日

△在中国驻洛杉矶总领事馆经商处指导下,上海市外国投资促进中心洛杉矶办事处与领事馆在 2022 年南加州世界贸易周活动期间,共同设展展示持续开放的中国形象、推介上海投资促进政策以及第五届中国国际进口博览会。

6 日

△美国期刊《科学》(Science)以"原位生成过氧化氢用于高效催化由环己酮合成环己酮肟(Highly efficient catalytic production of oximes from ketones using in situ-generated H2O2)"为题,发表了上海交通大学化学化工学院陈立桅教授、刘晰研究员和英国卡迪夫催化中心格雷厄姆·哈钦斯(Graham Hutchings)教授等人合作的关于过氧化氢制备的研究成果。该研究第一次成功将原位过氧化氢合成与现有化工品生产进行结合,在科学上和技术上证明利用原位过氧化氢合成实现绿色化工新路线的可行性与经济性。

△美国期刊《科学》(Science)以"FTO 在 mESCs 和小鼠发育中介导 LINE1 m6A 去甲基化和染色质调节(FTO mediates LINE1 m6A demethylation and chromatin regulation in mESCs and mouse development)"为题,发表了同济大学生命科学与技术学院高绍荣/高亚威教授团队与美国芝加哥大学何川教授合作的研究成果。该研究发现在小鼠胚胎干细胞(mESCs)小鼠和人类组织以及小鼠卵母细胞及早期发育中,FTO 可以调控染色质相关 RNA,影响染色质开放与组蛋白修饰,从而影响 mESCs 的增殖分化以及早期胚胎的正常发育。该研究对于解析哺乳动物及其发育中 RNA m6A 修饰动态调控的生物学功能,具有重要意义。

△2022 年美国大学生数学建模竞赛成绩揭晓。同济大学的参赛队伍获得特等奖(Outstanding Winner)1 项、特等奖提名(Finalist Winners)5 项、一等奖(Meritorious Winner)11 项、二等奖(Honorable Mention)36 项、成功参赛奖(Successful Participant)96 项。上海交通大学密西根学院学生领衔的参赛队伍荣获特等奖提名奖 3 项,一等奖 1 项,二等奖 11 项,成功参赛奖 9 项。上海师范大学的参赛队伍获特等奖提名 1 项、一等奖 4 项、二等奖 10 项、成功参赛奖 51 项。上海外国语大学的参赛队伍获得一等奖 1 项,二等奖 1 项,成功参与奖 1 项。

9 日

△美国期刊《精神分裂症通报》(*Schizophrenia Bulletin*)以"Deletion of Schizophrenia Susceptibility Gene Ulk4 Leads to Abnormal Cognitive Behaviors via Akt-GSK-3 Signaling Pathway in Mice"为题,发表了复旦大学实验动物科学部丁玉强教授课题组关于精神分裂症发病分子机制的研究成果。该研究揭示了 Ulk4 基因缺失在精神分裂症样行为中的作用,表明 Ulk4 是一个新的精神分裂症的风险基因。

10 日

△美国期刊《药物化学》以"An effective strategy to develop potent and selective antifungal agentsfrom cell penetrating peptides in tackling drug-resistant invasive fungalinfections"为题,发表了华东理工大学材料学院刘润辉教授课题组在抗侵袭性耐药真菌感染研究中取得的突破。该课题组设计合成了 L-谷氨酸与 D,L 高精氨酸的多肽共聚物,在保留抗真菌性能的同时显著降低了药物副作用,发现了对抗耐药真菌感染的结构设计新策略。

12 日

△上海市商务委员会和上海市人民对外友好交流协会在线上共同举办上海外资企业复工复产政策宣介会。市友协副会长景莹主持,市商务委副主任申卫华通报复工复产相关政策,三家代表性企业介绍复工复产经验。美国(上海)商会、中法工商会、俄工商会、上海日本商工俱乐部、塞尔维亚工商协会、上海英国商会、中意商会、意大利对外贸易委员会上海代表处、德国工商大会上海代表处和中国欧盟商会上海分会等 10 家外国在沪商会代表,以及来自三菱商事等外贸外资企业的 30 余位代表出席了会议。

△美国期刊《植物细胞》(*Plant Cell*)以"Multilayered synergistic regulation of phytoalexin biosynthesis by ethylene, jasmonate, and MAPK signaling pathways in Arabidopsis"为题,发表了上海师范大学生命科学学院孟祥宗课题组在植物抗病机制研究中取得的重要进展。该研究揭示了防卫激素乙烯和茉莉酸信号途径与丝裂原活化蛋白激酶 MPK3/MPK6 信号途径协同调控拟南芥中植保素 camalexin 合成的分子机制,同时揭示了植物抗病过程中重要抗病激素与关键蛋白激酶的协同作用机制。

13 日

△美国建筑设计事务所 ennead 公布了上海自贸试验区临港新片区滴水湖金融湾首发项目总体规划设计方案。首发项目作为滴水湖金融湾的核心区域,与陆家嘴金融城、外滩金融集聚带等金融承载区形成错位互补、协同发展,构建"一城一带一湾"金融发展新格局。

14 日

△上海市人民对外友好交流协会会长陈靖与上海美国商会会长郑艺视频连线,市友协副会长景莹出席。

△《美国国家科学院院刊》(*PNAS*)以"Structural basis of peptidomimetic agonism revealed by small-moleculeGLP-1R agonists Boc5 and WB4-24"为题,发表了复旦大学基础医学院王明伟团队携手中国科学院上海药物研究所杨德华团队的研究成果。该篇论文由 2012 年诺贝尔化学奖得主罗伯特·莱夫科维茨(Robert J. Lefkowitz)教授主审,报道了全球首个具有体内疗效的胰高血糖素样肽-1 受体(Glucagon-like peptide-1 receptor,GLP-1R)非肽类激动剂 Boc5 及其衍生物 WB4-24 发挥拟肽效应的结构基础和分子机制,对基于该靶点的药物研发具有重要的指导意义。

15 日

△美国期刊《尖端科学》(*Advanced Science*)以"Statistic Copolymers Working as GrowthFactor-Binding Mimics of Fibronectin"为题,发表了华东理工大学材料科学与工程学院刘润辉教授课题组在无规聚合物模拟具有特定氨基酸序列和结构的蛋白研究领域取得的突破。该研究以氨基酸无规共聚物模拟细胞外基质中的纤连蛋白,实现了高效和纤连蛋白普适性地与各类生长因子结合的功能。

16 日

△上海市经济和信息化委员会和上海市人民对外友好协会于线上共同举办了上海市产业和信息化领域复工复产宣介会。美国商会(上海)会长郑艺等 10 家外国和中国香港在沪商会及相关外资企业的 30 余位代表出席了宣介会。会后,部分在沪外国商会及企业代表发来了积极反馈并表达感谢。

△美国路易斯安娜大学副教授汪翔升通过腾讯会议为上海师范大学师生作题为"Complex dynamics in a delay differential equation with two delays in tick growth with diapause"的讲座。

△美国期刊《电气与电子工程师协会·信息取证和安全交易》(*IEEE Transactions on Information Forensics and Security*)以"A Secure Encoding Mechanism Against DeceptionAttacks on Multisensor Remote State Estimation"为题,发表了华东理工大学信息科学与工程学院自动化系杨文教授课题组在信息安全领域取得的研究进展。该课题组提出了一种针对虚假数据注入攻击的安全防御机制,通过利用伪随机数和线性变换的方式对无线传感器采集的数据进行预先编码,能够有效阻止隐秘的网络攻击者在不触发安全警报的前提下降低系统性能。

17 日

△美国期刊《物理评论快报》(*Physical Review Letters*)以"Coexistence of Robust Edge States and Superconductivity in Few-Layer Stanene"为题,发表了上海交通大学物理与天文学院贾金锋实验团队与中国科学技术大学张振宇、崔萍课题组合作的在锡烯(stanene)材料中取得的突破进展。该研究实现了拓扑边缘态和超导在多层 stanene 薄膜中的共存。

△美国大学生数学建模竞赛成绩揭晓。上海交通大学队(由该校密西根学院学生领衔)摘取多个奖项。其中,3 支队伍荣获特等奖提名奖(Finalist Winners),1 支队伍荣获一等奖(Meritorious Winner),11 支队伍荣获二等奖(Honorable Mention),9 支队伍荣获三等奖(Successful Participant)。

18 日

△美国期刊《生物精神病学》(*Biological Psychiatry*)以"Association of long-term exposure to ambient air pollution with cognitive decline and Alzheimer's disease-related amyloidosis"为题,发表了复旦大学公共卫生学院陈仁杰教授课题组与附属华山医院郁金泰教授团队合作关于阿尔兹海默症(AD)形成机制的研究成果。该研究基于中国代表性中老年人群,发现长期暴露于 PM2.5 可显著降低认知功能,并在国内首次提供了 PM2.5 通过脑脊液淀粉样蛋白损害认知功能的分子流行病学证据,为建立大气污染引起认知功能减退

的因果关联提供了关键的生物学合理性依据。研究结果提示,减少空气污染(尤其是 PM2.5)暴露可能减缓老年人群认知衰退速度,有助于减轻 AD 等神经退行性疾病的整体疾病负担。

△美国期刊《物理评论快报》(*Physical Review Letters*)以"Microscopic model for Cyclic Voltammetry of Porous Electrodes"为题,发表了华东理工大学化学与分子工程学院刘洪来教授团队在多孔电极中离子热力学和充放电动力学理论建模领域取得的新进展。该团队研究了多孔电极宏观动力学和纳微观尺度的电解液热力学与动力学。

21 日

△美国期刊《纳米能源》(*Nano Energy*)以"Self-powered flexible Piezoelectric Sensors based on Self-assembled 10 nm BaTiO3 Nanocubes on Glass Fiber Fabric"为题,发表了上海交通大学材料学院金属基复合材料国家重点实验室的郭益平教授课题组在柔性压电传感器的研究中取得的新进展。该研究提出一种通过自组装方法制备柔性器件的策略,制备了一种超柔性和连续的压电材料系统,成功克服了具有高压电性能的压电传感器通常较硬或较脆的局限性。该研究制备的传感器具有应用于人机交互领域的潜力。同时,这项工作为制造高性能、超柔性、低成本的压电传感器提供了新的视角,可望在柔性可穿戴设备领域获得应用。

22 日

上海市人民对外友好交流协会会长陈靖赴美国品牌山姆会员上海旗舰店、上海日东光学有限公司(苹果产业链)等企业和机构调研,了解新冠疫情防控及复工复产情况。

24 日

△《美国国家科学院院刊》(*PNAS*)以"Experimental observations of marginal criticality in granular materials"为题,发表了上海交通大学自然科学研究院、物理与天文学院张洁教授课题组与中国科学院理论物理所金瑜亮研究员合作的关于颗粒物质边缘临界性的研究成果。该课题组利用光弹性技术在各向同性阻塞和剪切阻塞的无序颗粒体系中,测量得到了弱接触力和粒子间小空

隙的幂律分布。该结果验证了全复本对称破缺（full replica-symmetry-breaking）理论和边缘力学稳定性（marginal-mechanical-stability）分析给出的预测，为颗粒物质的边缘稳定性和临界性提供了实验上的证据。

25 日

△美国期刊《科学进展》（*Science Advances*）以"Unraveling the physiochemical nature of colloidal motion waves among silver colloids"为题，发表了上海交通大学自然科学研究院、物理与天文学院张何朋课题组和哈尔滨工业大学(深圳)王威课题组的合作研究成果。该研究在活性胶体中发现输运行波的形成和传播机制，表明可以利用活性胶体系统中的输运行波实现对自组织动力学的时空调控，为活性物质系统中的大范围控制和信息传递提供了新工具。

△美国期刊《材料化学》（*Chemistry of Materials*）以"π-π Interlocking Effect for Designing Biodegradable Nanorods with Controlled Lateral Surface Curvature"为题，发表了同济大学材料科学与工程学院杜建忠/朱云卿/范震教授团队的研究成果。该团队提出了一种高效调控分子链之间相互作用的 π-π 互锁效应(π-π Interlocking Effect)，在纳米尺度实现了"磨杆成针、变针为杆"，进而为构建具有不同结构和功能的可生物降解纳米棒提供了新概念。

△《美国化学会志》（*JACS*）以"Photoconductance fromBent-to-Planar Photocycle between Ground and Excited States in Single-MoleculeJunctions"为题，发表了华东理工大学化学与分子工程学院、费林加诺贝尔奖科学家联合研究中心田禾院士团队在振动诱导发光（Vibration Induced Emission，VIE）机制研究方面取得的新进展。该研究不仅提出了光电导单分子器件的构建新策略，还为理解有机共轭分子基态与激发态之间的光循环过程提供了全新视角。

△美国哈佛大学音乐系教授亚历山大·雷雅德（Alexander Rehding）通过腾讯会议为华东师范大学师生作题为"从茉莉花到 Moo-Lee-Chwa——1796 年间跨文化音乐的历史"的讲座。

△美国华盛顿大学助理教授、副教授、终身教授王望通过腾讯会议为上海大学师生作题为"Emerging Roles of Mitochondrial Calcium in Heart Disease"的讲座。

美国当地时间 25 日

△美国印第安纳经济发展署和美中贸易全国委员会共同组织了印州与中国省市圆桌交流会及企业互动。中国驻芝加哥总领事赵建出席活动并致辞,上海市、深圳市以及江苏省参加活动,上海外国投资促进中心做了上海营商环境推介,并展示投资上海视频。

26 日

△上海纽约大学 2022 届本科生毕业典礼在线上举行。来自全球 34 个国家和地区的 400 多名上海纽约大学和美国纽约大学海外学习项目毕业生相聚云端,在亲朋好友的见证下,为四年大学时光画上句点。美国纽约大学校长安德鲁·汉密尔顿(Andrew Hamilton)通过在纽约录制的视频致辞,高度赞扬了本届毕业生坚韧不拔的毅力。

27 日

△美国期刊《化学·催化》(*Chem Catalysis*)以"Ultra-durable Ni-Ir/MgAl2O4 catalysts for dry reforming of methane enabled by dynamic balance between carbon deposition and elimination"为题,发表了华东师范大学赵晨课题组与厦门大学王帅课题组合作的研究成果。该研究基于碳沉积-碳消除动态平衡策略的高效长寿命催化剂应用于甲烷干重整制备合成气,在长时间甲烷干重整反应过程中实现零积碳生成。

△美国期刊《细胞》(*Cell*)以"The integrated genomics of crop domestication and breeding"为题,发表了上海师范大学黄学辉教授、中国农科院深圳基因组所黄三文研究员、中科院分子植物卓越中心韩斌院士、中科院遗传所李家洋院士合作的关于作物驯化育种的综述文章。这是上海师范大学作为第一单位发表的第一篇《细胞》论文。该论文系统梳理了近十年作物遗传学领域重要的研究进展,包括对作物遗传信息的读取(作物参考基因组和群体基因组的构建)、解读(训化和育种过程中重要基因的发掘鉴定)和改造(从头驯化、基因组设计及合成生物学),并对该领域的未来发展进行了展望。

29 日

△美国田纳西大学查塔努加分校(University of Tennessee,Chattanooga)

教授王进通过腾讯会议为上海师范大学师生作题为"An Introduction to Cholera Modeling and Analysis"的讲座。

30 日

△上海市委副书记、市长龚正调研杜邦公司。美国杜邦公司在沪设有 7 家独资企业、4 家区域总部。龚正走进杜邦公司一处办公地点,详细了解杜邦公司在沪发展、支持上海抗疫、推进复工复产情况,询问企业所需。企业负责人表示,杜邦坚信"投资上海,就是投资未来",将持续加大投入,更好服务产业发展。

△美国期刊《细胞通讯·物理科学》(Cell Reports Physical Science)以"Significantly accelerated photochemical and photocatalytic reactions in microdroplets"为题,发表了复旦大学环境科学与工程系张立武团队在微液滴光化学反应加速机制研究中取得的重要进展。该研究阐明了微液滴中的光化学反应加速机制,对解释当前大气化学反应不确定性提供了新思路。另外,液滴中的光化学反应加速效应也为绿色化学合成、光催化和环境污染物光降解研究等提供新方向。

31 日

△美国期刊《材料学》(Matter)以"Circularly Polarized Perovskite Luminescence withDissymmetry Factor up to 1.9 by Soft Helix Bilayer Device"为题,发表了华东理工大学化学与分子工程学院朱为宏教授、吴永真教授和物理学院郑致刚教授团队合作在圆偏振钙钛矿发光研究方面取得的进展。该团队通过聚合物稳定钙钛矿并构筑具有双层结构的钙钛矿-液晶器件(PeLC),解决了钙钛矿与液晶兼容性差的关键问题,提高了钙钛矿的结构稳定性,改善了液晶分子的有序排列,实现了具有高发光效率,高稳定性的钙钛矿CPL,其 glum 高达 1.9,接近理论极限 2.0,基于该器件结构展示了圆偏振光图案化显示及温控防伪应用,该工作为实现高质量圆偏振钙钛矿发光及其器件化应用开辟了新的思路。

下旬

△深兰科技(上海)有限公司研发的 AI 紫外线消毒机器人——"兰精灵"受美国 UL 安全实验所(Underwriter LaboratoriesInc)邀请,制定紫外线消毒机器人 UL 认证标准(UL 是具有全球知名度的认证和鉴定机构)。

△上海合合信息科技股份有限公司与美国通用电气集团旗下医疗健康企业——"GE医疗"达成战略合作协议,由合合信息公司利用具有自主知识产权的OCR技术+AI算法,为GE医疗提供客户票据管理服务,助力其业务科技化、高效化。合合信息研发的Textpro供应商发票数字管理系统,在上海新冠肺炎疫情期间,及时帮助GE医疗在沪企业解决了供应商紧急付款问题,避免了逾付风险,使企业在封闭管理的非常时期,依然能有序开展业务和抗疫工作。

2022 年度大事记
6 月

1 日

△上海市副市长宗明召开 2022 年第一场政企沟通圆桌会议(美资企业专场)。美中贸易全国委员会和卡博特、联邦快递、泰科电子、宝洁、强生、百事等 6 家美资企业高管出席会议并发言。美资企业代表分别介绍企业防疫和复工复产情况,表达了继续投资上海、热爱上海的决心和信心,并提出了相关问题和建议。市相关部门负责人就疫情防控、经济恢复、物流通行、提振消费信心、楼宇复工、留抵退税等问题进行了回应。

△《美国化学协会 · 应用材料与界面》(*ACS Applied Materials & Interfaces*)以 "Chemical Reaction and Bonding Mechanism at the Polymer-Metal Interface" 为题,发表了上海交通大学材料科学与工程学院焊接所陈科副教授在高分子-金属连接界面研究中取得的新进展。该研究为面向 5G 通信光缆应用的钢塑复合带成型工艺优化、寻找新的高分子替代材料从而开发新型复合带提供了理论基础。同时,也为进一步研究和解析高分子-金属复合结构中的界面键合提供了方法和理论指导。

2 日

△上海市副市长宗明召开 2022 年第二场政企沟通圆桌会议(汽车企业专场)。美国特斯拉、上汽大众、通用、福特等车企高管介绍了企业防疫和复工复产情况,并提出了相关问题和建议,涉及汽车产业链、疫情防控、外籍员工入境、汽车消费、投资促进等方面。市相关部门负责人现场进行了回应。

△美国期刊《物理海洋学杂志》(*Journal of Physical Oceanography*)以 "Observation of Abyssal Circulation to the West of the Luzon Strait, South China Sea" 为题,发表了上海交通大学海洋学院博士生郑华关于南海深层环流最新观测的研究成果。该研究验证了南海深层的气旋式环流结构,揭示了北太

平洋深层水入侵南海后在海峡西侧形成的深层流场的精细结构及季节变化特征,为研究该区域的多尺度动力过程、海盆沉积过程、水团更新、物质循环、能量平衡等提供了参考。

3 日

△美国期刊《物理评论快报》(*Physical Review Letter*)以"基于机器学习的全局势能面搜索方法确定可抑制量子隧穿的最小稳定的 Si/SiO2 界面(Smallest stable Si/SiO2 interface that suppresses quantum tunneling from machine-learning-based global search)"为题,在线发表了复旦大学化学系李晔飞教授和刘智攀教授关于场效应晶体管的研究成果。该研究提出了一种基于机器学习计算的界面结构预测方法(ML-interface),从数千个候选结构对象中解析出了所有稳定 Si/SiO2 界面结构。该论文中预测的界面模型可以用来产生一系列关键物理参数,如有效质量、电导率和热导率,能加速芯片设计的宏观设备仿真(TCAD),同时,论文发展的界面搜索理论方法可以普遍应用于其他固体界面,辅助新型晶体管的设计和制造,如高电子迁移率晶体管(GaN)。

△美国期刊《免疫》(*Immunity*)以"Leucine tRNA Synthase-2 Expressing B cells Contribute to Colorectal Cancer Immunoevasion"为题,发表了复旦大学储以微团队关于肠癌免疫逃逸新机制的研究成果。该团队从营养与代谢视角解析了肿瘤浸润 B 细胞获得调节功能的机制,并提出通过限制亮氨酸饮食清除 LARS B 细胞、激活抗肿瘤免疫效应。

7 日

△上海市副市长宗明召开 2022 年第四场政企沟通圆桌会议(外贸企业专场)。会上,美国英特尔等上海市国际贸易分拨中心示范企业高管介绍了企业防疫和复工复产情况,表达了继续立足上海,打造全球和区域供应链枢纽的信心,并提出了相关问题和建议,涉及电子证照推广、畅通国内国际物流、来华商务访问、海关数字化监管、进口化妆品加贴标签、综保区退税政策等方面。市相关部门负责人现场进行了回应。

9 日

△上海市副市长宗明召开 2022 年第六场政企沟通圆桌会议(商贸企业专

场）。会上，美国通用磨坊、雅诗兰黛等商贸企业高管介绍了企业防疫和复商复市情况，表达了企业坚守在沪发展的信心，体现了主动而为的精神状态，并提出了相关问题和建议，涉及便民生活圈建设、进口冷链食品追溯管理、奢侈品销售、疫情防控措施、企业线上培训补贴、促消费活动等方面。市相关部门负责人现场进行了回应。

△美国期刊《药物化学杂志》(*Journal of Medicinal Chemistry*)以"Scaffold Hopping Strategy to Identify Prostanoid EP4 Receptor Antagonists for Cancer Immunotherapy"为题，发表了华东师范大学刘明耀教授、卢伟强副研究员团队在靶向 G 蛋白偶联受体(GPCR)的肿瘤微环境小分子调节剂开发领域取得的重要进展。该团队通过骨架跃迁策略设计并合成了一系列 4,7-二氢-5H-噻吩并[2,3-c]吡喃衍生物作为 EP4 受体的新型小分子拮抗剂，同时通过高效 GPCR 筛选平台，经过多批次的结构优化和筛选，最终获得先导化合物 47。该化合物有效抑制肿瘤相关巨噬细胞活化，促进 T 细胞介导的抗肿瘤免疫反应，而且具有良好的成药性。该团队自主开发的代表性 EP4 拮抗剂 YY001 已经正式获批开展Ⅰ期临床试验。

10 日

△美国期刊《细胞通讯·物理科学》(*Cell Reports Physical Science*)以"固态电池三维应力成像揭示锂金属非均匀沉积的本因(3D Stress Mapping Reveals the Origin of Lithium-Deposition Heterogeneity in Solid-State Lithium-Metal Batteries)"为题，发表了上海交通大学密西根学院教师薄首行团队实现固态电池三维应力成像的研究成果。该研究成果为厘清固态电池电化学-力学耦合机制提供了强有力的工具，为充分释放固态电池的应用潜力奠定了坚实基础，该应力成像方法也可应用于诸如芯片加工等重要工业领域。

11 日

△由华东师大-华美协进社中国研究中心、华美协进社孔子学院以及纽约大学中文教师培训项目(NYU Project Developing Chinese Language Teachers)联合举办的中国文化系列讲座在云端开讲。活动邀请华东师范大学民俗学教授田兆元做题为"中国神话系列(Ⅱ)：龙的神话与信仰"的讲座，来自全美各地的

55 名教师在线参与。

　　△美国期刊《催化学报》(*Journal of Catalysis*)以"调节 UiO-66 中的 Pd 物种增强甲苯催化降解：Pd 物种的协同作用(Boosting toluene oxidation by the regulation of Pd species on UiO-66：Synergistic effect of Pd species)"为题,发表了上海理工大学环建学院张晓东副教授在环境催化领域取得的重要进展。该研究制备出超低 Pd 负载(0.05 wt%)的 Pd-UiO-66 表现出优异的催化甲苯活性和抗水(10.0 vol%)性;并证明了 Pd 物种的协同效应是 Pd-U-H-O 催化剂优异活性及稳定性的主要因素。

13 日

　　△上海市副市长宗明召开 2022 年第八场政企沟通圆桌会议(进博会参展企业专场)。会上,美国雀巢、霍尼韦尔等进博会参展企业高管介绍了企业防疫和复工复产情况,表达了企业把握"进博机遇"的信心与决心,并提出了相关问题和建议,涉及员工招聘、来华签证、节能减排、核酸检测、进博政策、医疗设备采购、创新医疗产品审批等方面。市相关部门负责人现场进行了回应。

　　△《美国化学会会志》(*JACS*)以"具有稠密轮烷骨架结构的机械互锁聚合物气凝胶 (Mechanically Interlocked Aerogels with Densely Rotaxanated Backbones)"为题,发表了上海交通大学颜徐州教授团队关于机械互锁聚合物气凝胶的研究成果。该研究基于准轮烷分子构建了具有机械互锁交联网络的气凝胶材料,所制备的气凝胶材料具有优异的响应性和自适应性,为设计智能型气凝胶材料提供了新的思路,并推动了机械互锁分子在材料领域中的发展。

　　△美国期刊《免疫》(*Immunity*)以"Androgen receptor-mediated CD8＋T cell stemness programs drive sex differences in antitumor immunity"为题,发表了上海交通大学药学院邓刘福教授团队关于雄性发生肿瘤免疫逃逸机制的研究成果。该研究发现了肿瘤浸润性 CD8＋T 细胞干性维持能力是调控肿瘤免疫性别差异的关键因素,而内在的雄激素受体(Androgen receptor, AR)信号通路显著抑制干细胞样 CD8＋T 细胞亚群的维持。该研究为理解肿瘤性别差异提出了新的理论解释,为再认识内分泌系统调控肿瘤免疫应答呈现了新的视角,同时为靶向 AR 信号通路通过重编程 CD8＋T 细胞干性增强肿瘤免疫治疗提供了科学依据。

14 日

△美国期刊《物理评论快报》(*Physical Review Letter*)以 "Anomalous Contribution to the Nematic Electronic States from the Structural Transition in FeSe Revealed by Time- and Angle-Resolved Photoemission Spectroscopy" 为题,发表了上海交通大学物理与天文学院张文涛研究组在 FeSe 超导体超快电子结构相变研究领域取得的进展。该研究基于所研制的具备高能量、时间分辨率优势的先进角分辨光电子能谱系统,利用超快激光激发,在 FeSe 超导体中探测到两个纯电子结构相变,并发现晶格结构相变对向列相电子态有着奇异的贡献。

△美国期刊《地球物理学研究杂志·海洋》(*Journal of Geophysical Research：Oceans*)以 "Turbulence Structure and Burst Events Observed in a Tidally Induced Bottom Boundary Layer" 为题,发表了华东师范大学河口海岸学国家重点实验室汪亚平教授团队关于感潮河口近底部边界层的湍流结构和间歇性猝发事件研究的成果。该研究发现了湍流相干结构的在感潮河口环境中的潮周期变化特性,并指出了内在的动力机制,提出了描述湍流间歇性的新指标,加深了对底边界层内湍流结构的认识,为未来的微观尺度沉积-动力过程研究提供了重要的线索和思路。

△美国期刊《植物细胞》(*The Plant Cell*)以 "Phytophthora effector PSR1 hijacks the host pre-mRNA splicing machinery to modulate small RNA biogenesis and plant immunity" 为题,发表了上海师范大学生命科学学院乔永利课题组的研究成果。该研究揭示了植物 PINP1 蛋白在调节 sRNA 生物合成和植物免疫中的分子机制,为了解和认识大豆疫霉根腐病菌致病机制提供了重要的科学依据。

15 日

△上海市政府举行第 35 批跨国公司地区总部和研发中心颁证仪式。上海市市长龚正为新认定的 30 家跨国公司地区总部和 10 家研发中心颁发证书。仪式上,副市长宗明致辞。美国戴森贸易(上海)有限公司负责人代表跨国公司地区总部发言。落户上海的跨国公司地区总部和外资研发中心数量不断增加,能级不断提高,充分表明外商对上海投资预期和信心没有改变,上海是国内乃至全球发展总部型经济的重要集聚地没有改变。

△上海市副市长宗明召开 2022 年第十一场政企沟通圆桌会议(大宗商品企业专场)。会上,市商务委主任顾军介绍了上海市稳经济相关政策。美国嘉吉等大宗商品企业高管参加会议并发言。企业介绍了疫情防控和复工复产情况,并围绕人才政策、税务政策、新项目投资、高新企业认定等提出相关问题和建议,市相关部门和临港新片区管委会负责人现场进行了回应。

△美国期刊《化学・催化》(*Chem Catalysis*)以"Design of Frustrated Lewis Pair in Defective TiO2 for Photocatalytic Non-Oxidative Methane Coupling" 为题,发表了华东理工大学化学与分子工程学院王灵芝教授/张金龙教授团队,在基于多级孔 Ti 基分子筛的受阻路易斯酸碱对开展光催化甲烷无氧偶联方面取得的重要进展。该工作为设计和构建具备光催化活性的 FLP 用于甲烷 Csp3-H 极化活化提供了指导,有望积极推动 FLP 体系在温和条件下烷烃选择性转化中的应用。

16 日

△上海市副市长宗明召开 2022 年第十二场政企沟通圆桌会议(生物医药专场)。会上,市卫健委副书记闻大翔介绍本市疫情形势和企业复工复产防疫提示,市商务委主任顾军介绍我市加快经济恢复和重振相关政策,市相关部门负责人参加会议。美国美敦力、吉利德、艾尔建、通用电气医疗等外资生物医药企业高管参加会议并发言。企业介绍了疫情防控和复工复产情况,表达了继续看好上海、投资上海的信心和预期,并围绕生物医药创新政策、传染病防治、集中采购和带量采购、加快推进项目审批和临床研究等提出了相关问题和建议,市相关部门负责人进行了回应。

△《美国科学院院刊》(*PNAS*)以"High exposure of global tree diversity to human pressure"为题,在线发表了华东师范大学生态与环境科学学院和浙江天童森林生态系统国家野外科学观测研究站郭文永研究员团队及其合作者关于全球树种多样性保护现状的研究成果。该研究利用目前最详尽的全球树种数据库,对 46 752 个树种的保护现状进行了量化分析。该研究不仅强调了保护全球树种的紧迫性,同时也表明对树种优先区域的保护与对生态系统整体多样性保护的目标高度一致。

△美国期刊《科学》(*Science*)以"A genetic module at one locus in rice protects chloroplasts to enhance thermotolerance"为题,发表了中国科学院分

子植物科学卓越创新中心林鸿宣研究团队与上海交通大学农业与生物学院林尤舜研究团队合作的关于植物高温响应机制的研究成果。该成果不仅首次揭示了在一个控制水稻抗热复杂数量性状的基因位点(TT3)中存在由两个拮抗的基因(TT3.1 和 TT3.2)组成的遗传模块调控水稻高温抗性的新机制和叶绿体蛋白降解新机制;同时发现了第一个潜在的作物高温感受器,为应对全球气候变暖引发的粮食安全问题提供了具有广泛应用前景和商业价值的抗高温基因资源。

17 日

△美国期刊《物理评论快报》(*Physical Review Letter*)以 "Femtosecond Rotational Dynamics of D2Molecules in Superfluid Helium Nanodroplets" 为题,发表了华东师范大学精密光谱科学与技术国家重点实验室吴健教授及合作团队在超流液氦中分子超快动力学领域的研究进展。该研究直接验证了氦纳米液滴超流特性,推动了学界对超流本质的理解。

△美国期刊《细胞通讯 · 物理科学》(*Cell Reports Physical Science*)以 "Tandem effect of Ag@C@Cu catalysts enhances ethanol selectivity for electrochemical CO2 reduction in flow reactors" 为题,发表了上海大学环化学院罗稳副教授与其合作者关于金属催化剂的研究成果。该研究合成了一种具有串联结构的 Ag-Cu 双金属催化剂,即 Ag@C@Cu 核壳纳米颗粒,其中碳层的存在既阻止了 Cu 和 Ag 的直接接触,又保证了催化剂的导电性和串联作用。利用该催化剂,作者揭示 Ag 和 Cu 之间的串联作用更倾向于将 CO2 电还原为乙醇而非乙烯;并且通过调控 Cu 壳层的厚度,实现了对乙醇选择性的优化,获得了 32% 的乙醇法拉第效率。

19 日

△美国期刊《电气与电子工程师协会 · 无线通信汇刊》(*IEEE Transactions on Wireless Communications*)以 "Over-the-Air Federated Learning via Second-Order Optimization" 为题,发表了华东师范大学软件工程学院王廷副教授课题组在无线联邦学习领域取得的新突破。该研究从无线通信场景下的联邦学习系统、训练方法、通信模型三个维度出发构建了一个新型的联邦学习框架,并设计了一种针对设备选择和波束赋形的联合优化方法,有效解决了当前无线联邦学习方法所面临的通信瓶颈问题。

20 日

△美国期刊《环境科学和技术》(*Environmental Science & Technology*)以"China's Mismatch of Public Awareness and Biodiversity Threats under Economic Trade"为题,在线发表了华东师范大学地理科学学院黎夏教授团队关于生物多样性的研究成果。该研究首次在国家尺度上利用社交媒体数据和多区域投入产出模型评估了中国公众对与跨省贸易相关的生物多样性丧失的认识,呼吁社会层面和政府层面之间的协同合作,以扭转生物多样性丧失的趋势,同时也为生物多样性保护公益组织提供了针对性信息。

22 日

△美国期刊《细胞通讯·物理科学》(*Cell Reports Physical Science*)以"高产量和可扩展的蜂窝式吸湿聚合物用于太阳光驱动的空气水收集(High yield and scalable water harvesting of honeycomb hygroscopic polymer driven by natural sunlight)"为题,发表了上海理工大学能动学院张华教授团队联合上海交通大学王如竹教授团队关于空气取水技术的研究成果。该研究报道了一种基于新型蜂窝凝胶吸附剂 PCLG 的自然光驱动的高效空气取水技术,证实了其在全球干旱地区取水的巨大潜能。

△美国期刊《免疫》(*Immunity*)以"Very-low-density lipoprotein receptor-enhanced lipid metabolism in pancreatic stellate cells promotes pancreatic fibrosis"为题,发表了上海中医药大学附属龙华医院杨旭光与复旦大学上海医学院的林玉丽团队合作的关于胰腺炎致病新机制的研究成果。该研究解析了慢性胰腺炎纤维化组织中 PSC 细胞的特性,阐释了脂质物质通过活化 PSC 细胞参与胰腺炎纤维化进展的具体机制,明确了胰腺炎病人中的脂质积累在胰腺炎纤维化进展中的作用,提示控制代谢对治疗慢性胰腺炎病人的可能性,为改善因代谢失调导致的纤维化疾病提供了线索和思路,具有很好的转化意义和创新性。

△美国期刊《美国化学会志-催化》(*ACS Catalysis*)以"稳定黑磷封装在多孔网状 UiO-66 中促进电荷转移以实现光催化氧化甲苯和邻二氯苯:性能、降解路径和机理(Stable black phosphorus encapsulation in porous mesh-like UiO-66 promoted charge transfer for photocatalytic oxidation of toluene and o-dichlorobenzene:Performance, degradation pathway, and mechanism)"为题,发表了上海理工大学环建学院张晓东副教授在环境催化领域取得重要进展。

该研究针对 UiO-66 中光生电子的配体-金属电荷转移跃迁并不令人满意等问题,证明了通过 Zr-P 键提供的原子级电子传输通道,可以增强 UiO-66 中的 Zr 原子向黑磷的电荷转移;通过原位红外技术与色谱-质谱联用等表征手段,可以阐明甲苯与邻二氯苯在该体系下的降解机制。

美国当地时间 22—23 日

△上海市外国投资促进中心洛杉矶办事处参加由洛杉矶世界贸易中心和洛杉矶经济发展署共同举办的 2022 选择洛杉矶投资峰会。上海市外国投资促进中心洛杉矶办事处与领事馆共同在会上设展,展示中国形象、推介上海投资促进政策以及第五届中国国际进口博览会。洛杉矶市长埃里克·加希提(Eric Garcetti)莅临展台,听取代表处对上海投资环境和第五届进博会的介绍,表达了他对上海的了解和赞许,以及对洛杉矶和上海进一步开展经贸合作的展望。

23 日

△上海市人民政府外事办公室副主任贝兆健率美洲处与美国芝加哥-中国友城委主席、美国凯腾律师事务所合作人薛峰会谈。

△美国期刊《先进材料》(*Advanced Materials*)以"定制材料实现癫痫可视化:从生物标志物到影像探针(Tailoring Materials for Epilepsy Imaging:From Biomarkers to Imaging Probes)"为题,发表了复旦大学药学院李聪教授团队关于癫痫可视化新技术的研究成果。该团队对近年报道的致痫灶生物靶标和分子探针进行了分析和总结。

26 日

△美国期刊《胶体和界面科学杂志》(*Journal of Colloid And Interface Science*)以"SnS2/MIL-88B(Fe) Z 型异质结在可见光辅助下激活过硫酸盐以增强降解布洛芬(Visible-light-assisted persulfate activation by SnS2/MIL-88B(Fe) Z-scheme heterojunction for enhanced degradation of ibuprofen)"为题,发表了上海理工大学环建学院张晓东副教授在环境催化领域取得的重要进展。该研究为合理设计 ReSFe 以及 SnSFe 复合材料作为光辅助芬顿型催化剂提供了一种新方法,在废水处理中具有潜在应用价值。

27 日

△上海复星医药与美国药企安进宣布已就安进的两款创新药物——"欧泰乐"和"Parsabiv"在中国境内(不包括港澳台地区)的商业化授权许可达成合作。作为一家跨国药企,安进自 2012 年进入中国以来,致力于造福中国患者并改善公共健康水平。此次合作将使安进借助复星医药在中国的商业能力,以更快的速度让这两款药品惠及中国的银屑病和慢性肾病患者。

△主题为"世界哲学视域中的中国哲学"的第 22 届国际中国哲学大会在华东师大线上平台举办。大会为期 5 天,有来自 30 多个国家的 600 余位学者参与近 100 场学术讨论。其中,美国加利福尼亚大学伯克利分校信广来(Kwong-loi Shun)教授作题为"生命的学问与儒学研究方法(Two Modes of Ethical Reflection-Methodological Reflections on the Study of Confucian Thought)"的报告,美国迈阿密大学哲学系教授迈克尔・斯洛特(Michael Slote)作题为"World Philosophy：Feng Qi and Beyond"的报告,美国加州大学河滨分校比较文学与语言系教授瑞丽(Lisa A. Raphals)作题为"Psychosomas in Early China：Another Viewpoint of Tripartitism"的报告,夏威夷大学马诺阿分校教授成中英(Chung-ying Cheng)作题为"天地之心与中国哲学的世界精神(On Heart of Heaven and Earth and World-Spirit of Chinese Philosophy)"的报告。

△全球建筑学博士生共享平台暨 2022 年同济大学数字建筑学国际博士生英文开放课程在线上举行。美国佛罗里达亚特兰大大学助理教授丹尼尔・博洛贾(Daniel Bolojan)、美国弗吉尼亚大学教授李士桥(Shiqiao Li)、美国密歇根大学教授马蒂亚斯・德尔・坎波(Matias del Campo)、美国麻省理工学院的客座教授基尔・莫(Kiel Moe)、美国哈佛大学设计研究生院教授安托万・皮肯(Antoine Picon)等教授在线上授课。

△《美国科学院院刊》(PNAS)以"Long-distance facilitation of coastal ecosystem structure and resilience"为题,在线发表了华东师范大学生态环境学院刘权兴教授课题组联合国内外科学家的合作研究成果。该研究以中国黄海典型滨海湿地景观为研究对象,通过分析 40 年的多源数据并建立理论模型,研究了外来物种互花米草定殖扩张过程中本地物种芦苇和盐地碱蓬空间分布的变化规律及其驱动机制,揭示出"长距离相互作用"对驱动滨海湿地生态系统变迁发挥着关键作用。

△《美国化学学会·纳米》(*ACS Nano*)以"Dynamic Intercalation-Conversion Site Supported Ultrathin 2D Mesoporous $SnO_2/SnSe_2$ Hybrid as Bifunctional Polysulfide Immobilizer and Lithium Regulator for Lithium-Sulfur Chemistry"为题,在线发表了华东理工大学化工学院功能炭材料研究团队在锂硫电池领域研究的新进展。该团队合成了一种"双功能"石墨烯介孔 $SnO_2/SnSe_2$ 纳米片用作锂硫电池的隔膜修饰层(G-$mSnO_2/SnSe_2$),其具备高电导率、强化学吸附位点(SnO_2)和动态插层转换动力学(Li_xSnSe_2)等特点,能在电池长期循环过程中同步抑制"穿梭效应"和"枝晶生长",推进了锂硫电池实际应用化进程。

28 日

△美国户外运动品牌攀菲熊(Penfield)中国首店在上海 TX 淮海商场开业,以注重户外生活体验的特色及社群文化赋能青年生活方式的变革为特色。

29 日

△美国期刊《政治经济学期刊》(*Journal of Political Economy*)以"Social Networks with Unobserved Links"为题,发表了上海交通大学瞿茜副教授与波士顿学院亚瑟·勒贝尔(Arthur Lewbel)教授、莱斯大学 Xun Tang 教授的研究成果。该团队研究了网络连接难以观测的情况下,如何识别和估计线性社交网络模型。该研究成果可以运用于分析经济个体间的联系,对研究同群效应、个体行为等有重要意义。

△美国期刊《电气与电子工程师协会-固态电路》(*IEEE Journal of Solid-State Circuits*)以"A 60MS/s 5MHz-BW Noise-Shaping SAR ADC with Integrated Input Buffer Achieving 84.2dB-SNDR and 97.3dB-SFDR Using Dynamic Level-Shifting and ISI-Error Correction"为题,发表了上海交通大学电子信息与电气工程学院微纳电子学系周健军教授课题组关于模数转换器(ADC)芯片的研究成果。该研究重点解决了 ADC 在系统应用中面临的集成输入缓冲器时的设计挑战,揭示了 ADC 符号间串扰的产生机理以及对 ADC 精度的影响,并提出动态电平移位技术与采样误差校正技术,从而实现了片上集成缓冲器的高性能 ADC 的线性度提升。

30 日

△总部位于美国的通用汽车与上海市浦东新区签署项目投资意向协议,宣布拟增资 1 亿美元筹建全新的高端进口业务。通用汽车中国公司总裁柏历表示,通用汽车对上海及中国市场的长远发展充满信心。

△美国期刊《科学·进展》(*Science Advances*)以"In vivo multidimensional CRISPR screens identify Lgals2 as an immunotherapy target in triple-negative breast cancer"为题发表了复旦大学附属肿瘤医院乳腺外科主任兼复旦大学肿瘤研究所所长邵志敏教授、精准肿瘤中心胡欣研究员、乳腺外科狄根红教授领衔的团队的研究成果。该工作结合三阴性乳腺癌多组学研究,首次成功锁定基因"Lgals2"是三阴性乳腺癌介导免疫逃逸的"帮凶",有望成为三阴性乳腺癌免疫治疗新靶点,为三阴性乳腺癌的免疫治疗提供了新的方向。

2022 年度大事记
7 月

1 日

△《美国科学院学报》(*PNAS*)以"Ethylene inhibits rice root elongation in compacted soil via ABA- and auxin-mediated mechanisms"为题,发表了上海交通大学张大兵教授和英国诺丁汉大学马尔科姆·贝内特(Malcolm Bennett)教授研究组合作的关于植物根系响应外界土壤硬度机制的研究工作。该研究经过近 9 年的联合攻关,阐明了植物如何响应外界土壤硬度的机制,为未来培育适应不同土壤硬度的作物新品种提供了重要的理论基础。

5 日

△上海市长宁区举行跨国公司地区总部圆桌会议暨虹桥友谊联盟经济对话会。参会的区内重点跨国公司地区总部企业包括美国康宝莱和江森自控。企业负责人分别围绕两大战略机遇和企业未来战略部署等方面畅所欲言,积极讨论、建言献策。针对企业的问题和诉求,长宁区各相关职能部门逐一作了回应。

7 日

△上海市商务委员会副主任诸旖视频会见了美国卡博特公司全球资深副总裁朱戬一行。双方就卡博特公司在华在沪发展近况、国内国际商业形势进行了坦率的交流。

△美国期刊《微型生物》(*mBio*)以"A Single Dose of Anti-HBsAg Antibody-Encoding mRNA-LNPs Suppressed HBsAg Expression:a Potential Cure of Chronic Hepatitis B Virus Infection"为题,发表了上海市重大传染病和生物安全研究院双聘 PI、复旦大学基础医学院应天雷,吴艳玲团队和上海市重大传染病和生物安全研究院双聘 PI、复旦大学生命科学学院林金钟团队合作的 mRNA 核酸抗体领域的研究进展。该研究发现 mRNA-LNPs 首次被用于表

达抗-HBsAg抗体(G12-scFv,G12-scFv-fc,G12-IgG),可能为功能性治疗乙肝病毒提供一种新的联合治疗方案。

△美国期刊《细胞-干细胞》(*Cell Stem Cell*)以"时期特异性H3K9me3修饰建立确保人类植入前胚胎中的逆转录转座子沉默(Stage-specific H3K9me3 occupancy ensures retrotransposon silencing in human preimplantation embryos)"为题,发表了同济大学生命科学与技术学院高绍荣/刘晓雨/王晨飞团队与广东省第二人民医院欧湘红团队合作的研究成果。该研究揭示了人类胚胎ZGA和第一次谱系分化过程中的H3K9me3修饰重编程过程,描绘了人类植入前胚胎发育中异染色质重塑的规律,并提出激活型DUX4对建立人ZGA阶段的抑制型组蛋白H3K9me3修饰具有重要贡献,为更好地理解生命之初转录因子与组蛋白修饰之间复杂的调控网络提供了新的见解。

△《美国医学会杂志(网络开放版)》(*JAMA Network Open*)以"Effect of Electroacupuncture on Insomnia in Patients With Depression A Randomized Clinical Trial"为题,发表了上海中医药大学附属市中医医院针灸科徐世芬教授团队的针灸临床研究项目成果。该研究为电针治疗抑郁症相关失眠的有效性和安全性提供了高级别的循证医学证据。

8日

△《美国化学学会志》(*JACS*)以"Molecular Characterization of Exosomes for Subtype-Based Diagnosis of Breast Cancer"为题,发表了上海大学生命科学学院分子识别与生物传感研究中心李根喜教授团队关于乳腺癌亚型分析新方法的研究成果。该团队建立了一种以乳腺癌外泌体为分析对象的乳腺癌亚型分析和诊断新方法,不仅可以准确识别和测定来自不同亚型乳腺癌患者样本中的乳腺癌外泌体,为乳腺肿瘤的亚型分析提供信息,而且输出的电化学信号与疾病进展呈明显的正相关性,可满足乳腺癌分期诊断需求。

12日

△美国期刊《材料学报》(Acta Materialia)以"Machine-learning prediction of Vegard's law factor and volume size factor for binary substitutional metallic solid solutions"为题,发表了上海交通大学材料科学与工程学院汪洪教授领衔的材料基因组团队在合金固溶体体积效应的建模预测方面取得的重要进

展。该研究应用 ML 方法,建立了预测 BSMSS 的 Vegard 定律因子(VLF)和体积尺寸因子(SF)的代理通用 ML 模型,解决了金属学中经典的二元合金晶格常数预测不准、影响因素厘不清的问题,为探索建立预测多元合金固溶体体积效应的通用模型及相关理论研究提供了重要参考和新的思路。

12—15 日

△上海国际问题研究院、美国战略与国际研究中心、财政部国际财经中心、中国社科院世界经济与政治研究所及美国彼得森国际经济研究所联合举办"中美全球经济秩序对话"。上海国际问题研究院院长陈东晓,美国战略与国际研究中心高级副总裁马修·古德曼(Matthew P. Goodman)、财政部国际财经中心副主任张敏文、中国社科院世界经济与政治研究所副所长姚枝仲,彼得森国际经济研究所所长亚当·波森(Adam S. Posen)代表主办机构致辞。来自北京大学、中国国际发展知识中心、对外经济贸易大学、复旦大学、中国社科院世界经济与政治研究所、财政部国际财经中心、上海国际问题研究院、美国波士顿大学、全球发展中心、亚洲协会政策研究所、战略与国际研究中心、彼得森国际经济研究所及国际货币金融机构官方论坛(OMFIF)美国办公室等中美两国机构的约 30 名学者参会,围绕全球宏观经济、金融、贸易、发展等领域面临的挑战及中美两国在双边及 G20 等框架下的协调等议题进行讨论。

14 日

△上海市副市长宗明视频会见美国亚马逊公司全球副总裁、全球开店亚太区执行总裁戴竫斐。宗明表示,上海市、区两级政府和各部门将积极协调解决企业发展过程中的具体困难与诉求,全力支持亚马逊在沪进一步发展。戴竫斐表示,亚马逊将与上海市政府加强交流与合作,利用亚马逊全球资源为上海外资外贸发展作出更大的贡献。市商务委主任顾军、上海海关副关长叶建、浦东新区副区长杨朝、市人社局二级巡视员王雅楠陪同会见。

△上海市人民对外友好协会会长陈靖视频会见美国各州驻华协会部分代表,市友协副会长景莹与会。陈靖指出,上海市第十二次党代会报告明确了上海到 2035 年要基本建成具有世界影响力的社会主义现代化国际大都市、到 2050 年要全面建成的目标。希望在这个进程中,为美国的州、城市和企业提供参与和发展的更多空间。美国各州驻华协会代表们分别介绍了美国各州、市的情况,希

望加强与上海在生命医疗、医疗器械、环境保护、汽车制造、电动车、港口、教育等领域的合作与交流。

15 日

△上海市金山区推动转型新发展塑造新形象大会暨"活力湾区"投资金山启动仪式举行。会上,金山区公布了美国世邦魏理仕、美国科恩集团等首批共 10 家全球招商合作伙伴名单。

19 日

△美国期刊《细胞通讯》(*Cell Reports*)以"A striatal SOM-driven ChAT-iMSN loop generates beta oscillations and produces motor deficits"为题,发表了复旦大学脑科学转化研究院陆巍研究组与上海交通大学周栋焯研究组合作的研究成果。该研究对大脑纹状体产生 beta 异常振荡的神经环路机制进行了解析,也是对以往其他 beta 振荡源头学说的重要补充。

△美国期刊《混沌》(*Chaos*)以"Fractional SEIR Model and Data-Driven Predictions of COVID-19 Dynamics of Omicron Variant"为题,发表了上海大学理学院数学系李常品教授团队和美国工程院院士、布朗大学应用数学系乔治·卡尼亚达克斯(George Em Karniadakis)教授在 Covid-19 奥密克戎传播方面取得的合作进展。该研究开发了一种改进的流行病学模型,用于描述和预测这种变体的传播,并展现了基于物理信息神经网络的深度学习框架在分数阶微分方程模型中的应用潜能,为分数阶微分方程正、反问题的求解提供了新思路。

20 日

△美国期刊《物理评论快报》(*Physical Review Letters*)以"$\Delta I = 2$ bifurcation as a characteristic feature of scissors rotational bands"为题,发表了上海交通大学物理与天文学院孙扬教授课题组和兰州大学、美国田纳西大学的同行合作的研究成果。该研究报导了一种新型量子多体运动模式。

△美国期刊《焦耳》(*Joule*)以"Dehumidification with Solid Hygroscopic Sorbents for Low-Carbon Air Conditioning"为题,发表了上海交通大学王如竹教授领衔的"能源-水-空气"交叉学科创新团队 ITEWA (Innovative Team for Energy, Water & Air)的研究成果。该研究从实现室内空气调节的空调的减碳

目标出发,结合吸附式空气取水领域的吸附材料设计的最新进展,从跨学科的角度分析了固体吸附除湿材料用于下一代高效低碳除湿空调在材料设计和工程应用方面的挑战和机遇,有望实现空气中湿度负荷的智能处理,减轻空调对温室气体碳排放的影响。

21 日

△美资企业百胜中国供应链运营管理中心在沪正式启动建设,是百胜中国控股有限公司最大的自建项目,总投资 6 亿元,占地 4.4 万平方米,集采购管理平台、结算平台以及供应链的运营平台、科创平台、培训平台五大业务于一体的综合产业园。

△上海国际问题研究院和美国卡内基国际和平研究院联合举办"俄乌冲突及其对大国关系的影响"线上研讨会。上海国际问题研究院院长陈东晓、清华大学战略与安全研究中心主任达巍、中国国际问题研究院欧洲研究所所长崔洪建、上海国际问题研究院全球治理研究所所长助理赵隆、卡内基国际和平研究院副院长安德鲁·韦斯(Andrew S. Weiss)、资深研究员保罗·斯特朗斯基(Paul Stronski)、威尔逊中心凯南研究所前所长、美俄基金会主任马修·罗扬斯基(Matthew Rojansky)等中美学者围绕上海国际问题研究院与清华大学战略与安全研究中心联合发布的《俄乌冲突百日思:世界向何处去?》研究报告进行交流,并深入讨论乌克兰危机的未来走向及其对国际体系、大国关系和地区安全的深层影响。

△美国期刊《科学转化医学》(Science Translational Medicine)以"基于迷你型 dCas13X 开发的 RNA 碱基编辑器治疗常显性遗传性耳聋(Rescue of autosomal dominant hearing loss by in vivo delivery of mini dCas13X-derived RNA base editor)"为题,在线发表了复旦大学附属眼耳鼻喉科医院舒易来主任、李华伟教授和中科院脑智卓越中心杨辉研究员合作的研究论文。该研究基于新型的 RNA 编辑工具 dCas13X,研发了精准治疗显性遗传性耳聋的前沿技术——针对常见显性遗传性耳聋基因肌球蛋白(MYO6)的 RNA 单碱基编辑器(mxABE),成功改善了动物模型的听力。这是国际上首个基于 RNA 单碱基编辑技术成功精准治疗显性遗传性耳聋的研究,为耳聋的精准治疗以及安全的临床转化提供了有力的科学证据。

△《美国化学学会-纳米》(ACS Nano)以"High-Throughput Preparation of

Supramolecular Nanostructures on Metal Surfaces"为题,发表了上海大学材料基因组工程研究院孙强教授课题组在表面超分子结构的高通量制备方面取得的进展。该研究展示了一种用于制备金属表面连续成分扩散的超分子纳米结构的高通量实验方法,有助于加快表面低维纳米结构的快速筛选构效关系的深入探索。

22 日

△美国期刊《天体物理期刊》(*The Astrophysical Journal*)以"基于 Auriga 模拟的银河系核球近端与远端恒星的金属丰度研究(Metallicity Properties of the Galactic Bulge Stars Near and Far：Expectations from the Auriga Simulation)"为题,发表了上海交通大学物理与天文学院的李兆聿团队的研究成果。该团队通过分析 Auriga 数值模拟,发现核球区域位于银心两侧的恒星具有显著的金属丰度差异,且该差异随着核球的空间位置发生系统性变化,其结果可以更好地限制核球的化学动力学模型,为将来核球区的恒星金属丰度观测研究提供了重要的理论参考标准,能更好地限制银河系核球的形成和演化历史。

25 日

△美国期刊《药物化学杂志》(*Journal of Medicinal Chemistry*)以"General pharmacological activation mechanism of K + channels bypassing channel gates"为题,发表了华东师范大学生命科学学院阳怀宇教授团队关于经典概念之外的药物调控机制的研究成果。该团队发现了一种靶向离子通道调控的非经典概念的激动机制,为药物开发提供了正构和变构之外的新方向。

27 日

△在上海交响乐团主办的 2022 上海夏季音乐节期间,纽约爱乐乐团以线上展播的形式远程参与,献上了小提琴家约书亚·贝尔和指挥威廉·埃丁斯领衔的《西区故事》纽约中央公园现场音乐会。

28 日

△上海交响乐团发起并联合纽约爱乐乐团特别制作的线上音乐会——《小作曲家工作坊-音乐明信片音乐会》同时在上海交响乐团官方视频号、微博、

bilibili 账号、看看新闻、上海 BANG 视频号、咪咕视频 app、咪咕音乐上进行直播，累计观看量超 9.97 万人次。此次线上音乐会集合了历年中美小作曲家的作品，向全网观众直播。

29 日

△美国期刊《物理评论快报》(*Physical Review Letters*) 以 "Optically Controlled Femtosecond Polariton Switch at Room Temperature" 为题，发表了华东师范大学精密光谱科学与技术国家重点实验室吴健教授团队及合作者在基于激子极化激元的室温玻色爱因斯坦凝聚（BEC）全光超快开关方面的研究进展。该团队自主发展了飞秒角分辨光谱成像技术，第一次实现 BEC 的飞秒时间尺度超快调控，对推动基于室温 BEC 的光子器件研制具有重要意义。

△美国期刊《化学研究述评》(*Account of Chemical Research*) 以 "软模版合成分级多孔金属有机骨架（HierarchicallyPorous MOFs Synthesized by Soft-Template Strategies）" 为题，发表了华东理工大学材料科学与工程学院顾金楼教授团队关于分级多孔金属有机骨架的研究综述。该团队充分研究多孔分级 MOFs 的组成、工艺、结构与性能的构效关系，可望为 MOFs 在能源、催化、生物工程等领域开拓不同的应用。

本月

△上海市商务委员会认定上海安费诺永亿通讯电子有限公司为全球研发中心。安费诺总部位于美国康涅狄格州，其上海全球研发中心由 6 个研发部门组成，研发人员 300 余人，研发内容主要集中在移动消费电子产品、汽车、通讯基站、物联网的天线等领域。

2022 年度大事记
8 月

1 日

△美国期刊《自噬》(*Autophagy*)以"SDC1-dependent TGM2 determines radiosensitivity in glioblastoma by coordinating EPG5-mediated fusion of autophagosomes with lysosomes"为题,发表了复旦大学放射医学研究所邵春林教授团队的研究论文。该研究揭示了胶质母细胞瘤中转谷氨酰胺酶 TGM2 通过多配体聚糖 SDC1 依赖的方式转运至溶酶体,促进束缚因子 EPG5 介导的自噬体-溶酶体融合,最终增强肿瘤的辐射抵抗,为胶质母细胞瘤放疗提供新的潜在增敏靶点。

2 日

△美国《农业与食品化学期刊》(*Journal of Agricultural and Food Chemistry*)以"Response to Cold Adaption in Acinetobacterjohnsonii XY27 from Spoiled Bigeye Tuna (Thunnus obesus): MembraneProtein Composition and Protein Biomarker Identification by Proteomics"为题,发表了上海海洋大学食品冷链物流与品质控制谢晶教授团队在食品腐败菌领域取得的研究进展。该研究揭示了主要膜蛋白参与调控约氏不动杆菌的适冷机制,为有效控制水产品腐败菌在冷链物流过程中生长代谢提供了理论依据。

3 日

△美国《财富》杂志公布了 2022 年世界 500 强榜单,有 145 家中国企业入围。中国上榜企业数量、总营收均领先美国,居全球之首。其中,上海今年新增加 3 家企业,共 12 家企业上榜,分别是中国宝武、上汽集团、绿地控股、中远海运、交通银行、太平洋保险、浦发银行、中国船舶集团、苏商建设、上海建工、上海医药、德龙钢铁集团;苏商建设和德龙钢铁集团为首次上榜,中国船舶集团 2021

年将总部从北京迁至上海,为第二年上榜。

△美国期刊《科学前沿》(*Science Advances*)以"基于二维半导体的 619 像素机器视觉增强芯片(A 619-Pixel Machine Vision Enhancement Chip Based on Two Dimensional Semiconductors)"为题,发表了复旦大学周鹏/包文中团队利用晶圆级二维原子晶体硫化钼成功制备了大规模机器视觉增强芯片的研究成果。该成果是迄今为止国际上最大集成规模的新型晶圆级二维半导体机器视觉增强芯片,开拓了二维芯片的工业的应用领域和产业化进程,在机器视觉、视觉增强和虚拟现实领域具有巨大应用潜力。

△美国期刊《化学》(*Chemistry*)以"Interplay between remote single-atom active sites triggers speedy catalytic oxidation"为题,发表了复旦大学环境科学与工程系唐幸福教授课题组关于电子离域机理的研究成果。该研究提出了一种环境催化的新机理,即电子离域机理,电子离域机理概念的提出为开发高效环境催化剂提供的科学依据,有利于提高大气污染物排放的控制效率。

△美国期刊《科学前沿》(*Science Advances*)以"KCTD7 mutations impair the trafficking of lysosomalenzymes through CLN5 accumulation to cause neuronalceroid lipofuscinoses"为题,发表了复旦大学附属妇产科医院王红艳教授团队和生命科学学院王陈继副研究员团队合作的关于溶酶体功能缺陷和疾病的研究成果。该研究揭示了神经元脂褐质沉积症中 KCTD7 突变致病新机制。

△美国期刊《化学评论》(*Chemical Reviews*)以"Protein Design：From the Aspect of Water Solubility and Stability"为题,发表了上海交通大学生命科学技术学院微生物代谢国家重点实验室庆睿与合作者关于蛋白质的水溶性和结构稳定性的研究成果。该成果聚焦蛋白设计领域在分子水溶性和结构稳定性相关方向的研究,对设计制成性质和功能可控的蛋白质,进一步解析蛋白结构功能相关性,并将这一微小的分子机器应用于生物医学和纳米科学等领域具有促进作用。

4—5 日

△"第二届国际禁毒论坛"在上海举行。美国北佛罗里达大学首席教授、国际酒精和毒品史学会前主席戴维·卡特莱特发表《从鸦片到芬太尼：1850 年以来美国的麻醉品成瘾》演讲。与会的全球禁毒领域专家、学者、实务工作者共商共建人类健康命运共同体,为全球禁毒事业贡献智力支撑和决策参考。

5 日

△上海纽约大学全球健康公平研究中心(Center for Global Health Equity)宣布正式成立。中心将在上纽大全球公共卫生教授、纽约大学全球公共卫生学院特聘教授布莱恩·霍尔(Brian Hall)的带领下,汇集来自全球不同学科领域的优秀学者,寻求提升不同群体健康水平的方案,应对长期存在或正在兴起的全球公共卫生问题。

△美国期刊《微生物学发展趋势》(*Trends in Microbiology*)以"DSF 家族群体感应信号介导的种内、种间和跨界信号交流(DSF-family quorum sensing signal-mediated intraspecies, interspecies, and inter-kingdom communication)"为题,在线发表了上海交通大学生命科学技术学院何亚文教授团队的综述文章。该研究阐明了 DSF(Diffusible signaling factor)信号分子介导的种内、种间与跨界交流现象与机制,进一步深化了微生物社会学的内涵,同时也有助于研发新型抗感染策略。

6—7 日

△上海博物馆举办馆庆系列活动之一"跨越与超越——艺术史与博物馆"国际学术研讨会,以线上线下相结合方式进行。共有 45 位艺术史、博物馆、考古等领域的海内外专家学者针对四大会议主题、8 个板块进行了研讨。其中美方参会人员有芝加哥艺术博物馆亚洲部主任汪涛、盖底兹堡大学艺术与艺术史系孙岩、明尼阿波利斯艺术博物馆亚洲部主任柳扬、纽约大都会博物馆研究员陆鹏亮以及哈佛大学艺术系博士、独立学者李慧闻(Celia Riely)。

7 日

△中美合资企业直观复星医疗器械技术(上海)有限公司总部及产业化基地项目——医疗机器人制造·研发中心开工仪式在张江国际医学园区举行。这一项目总投资超过 7 亿元,总占地面积约 2.08 公顷,将打造一个由技术、培训、服务、支持和解决方案构建的本土化手术机器人生态系统,让国际领先的达芬奇手术机器人惠及广大中国患者。

8 日

△上海市商务委员会主任顾军出席美国雅诗兰黛集团旗下新品牌艾梵达

Aveda 前滩太古里首店发布活动,并共同启动首店开业仪式。雅诗兰黛集团中国区总裁兼首席执行官樊嘉煜出席并致开幕词。

　　△《美国皮肤病学会杂志》(*JAAD*)以"Dermoscopic features differentiating port wine stain, arteriovenous malformation and capillary malformation-arteriovenous malformation syndrome"为题,发表了上海交通大学医学院附属第九人民医院介入科范新东教授复杂脉管畸形诊疗团队孙怡、蔡韧博士后在皮肤红斑的早期鉴别诊断领域取得的重要进展。该研究首次提出了将无创皮肤镜检测技术应用于皮肤红斑的诊断及鉴别诊断,发现了鲜红斑痣、早期动静脉畸形和毛细血管畸形-动静脉畸形综合征在皮肤镜特征上的特点及差异,并进一步提出了应用于识别皮肤红斑下隐藏的高流速血管畸形的早期、无创诊断的算法模型。相关研究有望为儿童皮肤红斑的早期诊断及鉴别诊断提供新方法和新思路。

　　△美国期刊《应用物理学报》(*Applied Physics Letters*)以"超疏水表面上双液滴融合反弹行为(The rebounding-coalescing behaviors in drop-on-drop impact on a superhydrophobic surface)"为题,发表了上海理工大学叶轮机械流动控制及检测技术创新团队关于超疏水表面设计的研究成果。该团队实验研究了液滴在超疏水表面的融合反弹行为,总结了不同韦伯数与偏移率组合下液滴融合反弹的三种基本状态,利用理论模型定量阐明了液滴反弹的动力学过程,为更高效、稳定的超疏水表面设计提供了研究支撑。

9 日

　　△《美国化学学会-应用材料和界面》(*ACS AMI*)以"RGD nanoarrays with nanospacing gradient selectively induce orientation and directed migration of endothelial and smooth muscle cells"为题,发表了复旦大学高分子科学系丁建东课题组在梯度生物材料选择性诱导细胞取向和定向迁移方面取得的新进展。该课题组成功制备了纳米间距梯度变化的金点阵列,为将来的细胞筛选、促伤口愈合的细胞选择性材料的表面修饰提供了新的思路。

10 日

　　△上海迪士尼度假区宣布:度假区的首个线上商店——全新的上海迪士尼乐园官方旗舰店登陆天猫开启试运营,把独具匠心的商品带给度假区之外的更

多游客,打造多渠道购物体验。

△《美国化学学会-纳米》以 "Exosome Metabolic Patterns on Aptamer-Coupled Polymorphic Carbon for Precise Detection of Early Gastric Cancer" 为题,发表了复旦大学化学系邓春晖教授团队、复旦大学附属中山医院沈锡中教授团队成员孙念荣副研究员关于胃癌早期诊断的研究成果。该研究设计合成了适配体偶联多态碳材料,可同时作为高效捕获外泌体的吸附剂以及激光解吸/电离质谱(LDI-MS)的优良基质,用于连续地富集尿液外泌体及提取其代谢特征,实现了胃癌的精确早期诊断及发展监测。

13 日

△特斯拉上海超级工厂第 100 万辆整车下线,从而在 3 年内实现了生产整车破百万,是上海速度和特斯拉速度的综合体现。

△美国期刊《先进材料》(*Advanced Materials*)以 "Molecularly Distorted Local Structure in Bi2CuO4Oxide to Stabilize Lattice Oxygen for Efficient Formate Electrosynthesis" 为题,在线报道了华东理工大学材料科学与工程学院清洁能源材料与器件团队在二氧化碳(CO_2)电合成领域的最新研究成果。该工作通过分子级局域结构调控大幅提升了甲酸盐电合成性能,为构建高效、稳定的电催化剂及其他相关能源催化领域材料提供了新的研究思路。

15 日

△美国期刊《光波技术杂志》(*Journal of Lightwave Technology*)以 "Spacing-tailored multicore fiber for efficient FIFO devices" 为题,发表了复旦大学信息科学与工程学院光科学与工程系肖力敏课题组在多芯光纤扇入扇出器件方面的突破进展。

△由上海外国语大学主办的 2022 年"汉语桥"线上夏令营开营仪式在上外虹口校区举行。来自美国等国的 120 余名学员相聚上午场开营仪式,开启线上学习之旅。美国华美协进社孔子学院中方院长等嘉宾出席开营仪式。

16 日

△由上海文化广播影视集团有限公司(SMG)与美国探索频道(Discovery Channel)联合出品的纪录片《行进中的中国》第二季播出。作为一部中美合拍

纪录片,《行进中的中国》采访了一批海外中国问题专家,如哈佛大学肯尼迪政府学院创始院长格雷厄姆·艾利森(Graham Allison)、乔治·华盛顿大学经济学和国际事务教授尼可拉斯·沃诺塔斯(Nicholas Vonortas)等。该记录片聚焦中国制度、经济、科创、生态、民生五大主题,旨在向国际社会展现一个真实、立体、全面的中国,帮助世界更好地理解中国,同时提供具有参考价值的中国方案、中国模式、中国智慧。

△在上海市静安区外商投资促进大会上,美国、英国、德国、意大利、日本、澳大利亚等驻沪商会及机构,被授予"静安区外国投资促进合作伙伴机构"证书,成为静安首批外资促进合作伙伴。

17 日

△上海市副市长宗明视频会见美国贝恩投资有限公司董事总经理兼亚洲联席主管竺稼。宗明表示,欢迎贝恩投资公司将更多投资项目设立在上海,加大在沪业务的集聚和发展。上海市政府将协同各相关委办局、区做好企业落地的服务工作,协调解决企业发展过程中的具体困难与诉求,全力支持公司在沪进一步发展。竺稼表示,上海是贝恩投资多个被投企业总部的所在地。贝恩投资会继续在沪积极寻找投资机会。

△美国期刊《应用物理评论》(*Applied Physics Reviews*)以"超构材料中的光镊操控技术(Optical manipulation with metamaterial structures)"为题,发表了同济大学物理科学与工程学院王占山教授和程鑫彬教授所在团队的施宇智特聘研究员关于超构材料光镊操控技术的研究论文。该论文首次归纳了超构材料光镊操控中的物理机制,总结了典型的超构材料光镊操控的应用,区分了超构材料光镊操控技术的两种典型构型:"超构光镊"(Meta-tweezers)和"超构机器人"(Meta-robots),展望了超构材料光镊未来的发展方向。

△美国期刊《细胞通讯·物理科学》(*Cell Reports Physical Science*)以"氧空位诱导 O2 活化和电子-空穴迁移增强光热催化甲苯氧化性能(Oxygen-vacancy-induced O2 activation and electron-hole migration enhance photothermal catalytic toluene oxidation)"为题,发表了上海理工大学环境与建筑学院大气污染控制团队张晓东副教授、材化学院徐京城博士与上海交通大学崔立峰教授合作的关于改善大气复合污染的研究成果。该研究揭示了氧空位的形成途径和其在光热催化过程中的重要作用,为研究催化剂结构、氧空位演化

和重建以及与甲苯降解中间产物之间的关系提供了重要理论依据,研究成果具有较高的创新性,对环境污染物的降解机理研究有重要意义,为光热催化技术在VOCs治理中的推广应用提供实践基础。

20 日

△诺贝尔化学奖获得者、美国斯坦福大学结构生物学兼计算机科学教授迈克尔·莱维特,以全息影像方式出现在首届上海科技传播大会上。他带来了一个新的科技合作模式设想,即虚拟全球实验室。实验室将通过新颖的合作工具整合各类技能,为全球关注的普遍问题进行合作的科研人员提供方便。这并不仅限于一个学科,而是一种多学科合作。

21 日

△由上海市教育委员会和上海市科学技术委员会联合主办的2022上海国际青少年科技博览会暨"明日科技之星"国际邀请赛(简称"青博会")开幕仪式在浦东新区青少年活动中心举行。本届青博会共收到中国、美国、澳大利亚等国家青少年提交的591个参赛项目。汇集各方智慧与力量,打造一场跨越山海、主题丰富、视角多元、创意新颖的青少年科创盛宴。

22 日

△美国期刊《物理评论快报》(*Physical Review Letters*)以 " Colloidal Stochastic Resonance in Confined Geometries"为题,发表了上海交通大学物理与天文学院、自然科学研究院张何朋课题组在随机共振方面的研究成果。该团队成功验证了熵致随机共振的重要理论预言,推动了对软物质和生物物理系统中熵致随机共振和受限输运现象的理解。

23 日

△上海市委常委、副市长张为视频会见了美国联邦快递高级副总裁、中国区总裁陈嘉良先生。张为感谢联邦快递在上海国际航运中心建设中做出的贡献,希望公司持续释放力量,在上海打造国内国际双循环战略链接的过程中发挥自身优势。陈嘉良表示,公司将全力配合上海市防疫政策及相关法律法规,将安全作为企业发展的首要基础和前提,与上海市有关部门共同携手努力,助力浦东机

场建设成为国际一流航运中心。

△上海临港经济发展(集团)有限公司与美国波士顿咨询(上海)有限公司签署战略合作协议。双方将对接融合技术优势和资源平台,携手赋能世界级的生物医药、新能源汽车以及氢能等产业集群集聚发展。临港集团以及波士顿咨询相关负责人出席签约仪式。

25 日

△总部位于美国的全球基因测序技术领军企业因美纳在沪启用在华首个生产制造基地,并计划未来五年逐步实现高端基因测序仪及耗材全面本土化生产。该项目位于临港浦江国际科技城,一期投资额近 5 000 万人民币,因美纳计划未来 5 年将投资超 4.5 亿元以建设在华生产制造能力。

△《美国化学工程师协会会刊》(AIChE Journal)以"Modeling of deposit formation in mesoporous substrates via atomic layer deposition：insights from pore-scale simulation"为题,发表了华东理工大学化工学院功能膜与电子化学品团队庄黎伟博士,与美国约翰霍普金斯大学、北卡罗来纳州立大学等单位合作的关于原子层沉积 ALD 多尺度模拟研究进展。该团队开发了一套原子层沉积(ALD)技术在多孔材料纳米孔道内进行薄膜沉积的数值模型,可用于预测 2～5 纳米孔道内前驱体扩散、吸附、脱附、沉积反应以及孔道收缩直至堵塞的动态过程。为基于 ALD 技术分离膜制备过程的优化和放大奠定了理论和技术基础,其模型和模拟方法已应用于多种商业化 ALD 反应器的优化和新型 ALD 反应器的开发。

26 日

△美国期刊《天体物理学杂志增刊》(The Astrophysical Journal Supplement Series)以"3D Selection of 167 Substellar Companions to Nearby Stars"为题,发表了上海交通大学李政道研究所学者冯发波与来自中国、美国、澳大利亚、英国和德国的 22 名科学家在褐矮星研究中取得的重要合作进展。该工作利用了美国 PFS 和 APF、欧洲 HARPS 澳大利亚 AAT 等高精度光谱仪的视向速度数据,并通过与时间相隔 24 年的欧洲 Hipparcos 和 Gaia 卫星的高精度天体测量数据结合,得以探测到轨道周期长达上百年的亚恒星,并且首次实现了对这些天体轨道倾角的精确测量,进而得到了精确的动力学质量,为研究大质量行星、褐矮星

和小质量恒星的形成机制并发现这些天体之间的边界提供了"黄金样本"。

26—28 日

△上海交响乐团以线上展演的方式举办了"纪念斯特恩百年诞辰——第三届上海艾萨克·斯特恩国际小提琴比赛:决赛选手音乐会"。来自美国的菲利普·赛策(埃默森四重奏)、乔尔·斯米尔诺夫(茱莉亚弦乐四重奏)、格伦·迪克特罗(南加州大学桑顿音乐学院教授)与其他 10 名业内专家担任评委。美国籍选手李襄琳作为 6 名决赛选手之一参加此次音乐会。

27 日

△上海第四家山姆会员店开业。山姆会员店是美国沃尔玛旗下的高端会员商店业态。

28 日

△长三角国家技术创新中心在 2022 浦江创新论坛与美国杜邦公司、法国阿雷蒙公司分别签署"全球创新伙伴"合作协议,旨在探索符合新形势下的国际合作新模式。

△美国加州大学伯克利分校城市与区域规划系教授丹尼尔·罗德里格斯(Daniel Rodriguez)通过 Zoom 会议为同济大学师生作题为"城市科学与健康领域研究的重要进展和研究机遇"的讲座。

29 日

△《美国科学院院报》(PNAS)以"Atmospheric forcing dominates winter Barents-Kara sea ice variability on interannual to decadal timescales"为题,在线发表了同济大学海洋地质国家重点实验室刘忠方教授与合作者的研究成果。该研究揭示了大气强迫在北极冬季海冰消融过程中的主导作用。

△《美国化学会志》(JACS)以"Rapidscreening of bimetallic electro-catalysts using single nanoparticle collisionelectrochemistry"为题,发表了华东理工大学化学与分子工程学院、费林加诺贝尔奖科学家联合研究中心马巍课题组在利用单颗粒电化学方法快速筛选双金属电催化剂方面取得的研究进展。该研究通过构建一种同时具有合成和分析双金属纳米颗粒的快速电化学筛选方

法,克服了传统研究方法的局限,能够在单颗粒水平上高效地筛选结构和组分优化的双金属纳米颗粒应用于实际的电催化体系。

△美国北卡罗来纳大学夏洛特分校管理学教授弗兰兹·凯勒曼(Franz Kellermanns)通过 Zoom 会议,为上海大学师生作题为"创新型创业及家族企业研究发表经验分享(Innovative Entrepreneurship and Family Firm Research with Publication Tips)"的讲座。

30 日

△上海市政协召开在沪外国商会及外企高管代表视频座谈会。来自上海美国商会等在沪外国商会及外企的代表就更加高效统筹疫情防控和经济社会发展、稳定外商投资信心、加大纾困惠企政策力度、改善青年人才就业环境、增强产业链供应链韧性、持续提升通关便利化水平等问题提出了意见和建议。

△美国期刊《细胞研究》(Cell Reports)以"Transmembrane protein KIRREL1 regulates Hippo signaling via a feedback loop and represents a therapeutic target in YAP/TAZ-active cancers"为题,发表了复旦大学生物医学研究院余发星课题组关于靶向 Hippo 通路的肿瘤治疗的研究成果。该研究发现了 Hippo 信号通路全新的调控元件 KIRREL1,将为靶向 Hippo 通路的肿瘤治疗带来全新可能性。

△《美国化学会志》(JACS)以"Programmable Assembly of Amphiphilic DNA through Controlled Cholesterol Stacking"为题,发表了复旦大学生物医学研究院顾宏周团队关于两亲性 DNA 分子的研究成果。该研究填补了两亲性 DNA 分子组装领域的空白,发现了 DNA 平末端胆固醇疏水修饰引导的可控聚集行为,并利用此现象实现了 DNA 可控多层级自组装,展示了疏水作用在 DNA 自组装及生物技术应用等领域所具备的潜力。

31 日

△徐汇区政府与美资企业康宁显示集团签署了战略合作框架协议,区委书记曹立强,区委副书记、区长钟晓咏出席并见证了签约仪式,区委常委、副区长俞林伟与康宁公司高级副总裁兼显示集团总裁张铮签署协议。该协议的签署,宣示着上海第二家、徐汇区首家全球总部诞生。

△《美国化学会志》(JACS)以"用于下一代生物材料的蛋白质和糖的精确组

装体（Precise assembly of proteins and carbohydrates for next-generation biomaterials）”为题，发表了复旦大学高分子科学系陈国颂/江明课题组的前瞻性文章。该课题组总结了目前用于蛋白质和糖类的精确自组装方法和设计策略，综述了蛋白质和糖类的人工精确组装体在生物材料领域潜在且诱人的应用前景，并展望了该领域未来所面临的挑战和机遇。

本月

△全球最大的供应链数字服务公司 project44 宣布将中国区总部落地上海。project44 总部位于美国芝加哥在临港芯片区登记设立全资子公司"上海普联思通科技有限公司"，注册资本 700 万美元，第一阶段投资预估为 1 200 万美元。project44 是当前全球唯一可为托运人和物流服务商提供端到端供应链可视化服务的企业。此次 project44 中国区总部落地临港新片区，促进了临港新片区数字经济的发展。

2022 年度大事记
9 月

1 日

△以"智联世界 元生无界"为主题的 2022 第五届世界人工智能大会（WAIC）在上海世博中心开幕。美国 Unity 集团 CEO 约翰·里奇蒂洛（John Riccitiello）、高通公司总裁兼 CEO 安蒙、Meta 大中华区 CEO 梁幼莓等产业明星代表各自领军企业，展现元宇宙新赛道的热烈魅力。全球顶尖组织也齐聚共贺，呈现大会"智联世界"宗旨。

6 日

△由上海市商务委员会、浦东新区人民政府主办，上海第一财经传媒有限公司、上海市商务委员会行政服务中心承办的首届"全球 24 小时活力城市论坛"在上海中心举行。论坛上，纽约夜生活办公室执行主任阿里尔·帕利茨（Ariel Palitz）、荷兰阿姆斯特丹首任"夜间市长"梅里克·米隆（Mirik Milan）进行了国际连线。上海市商务委员会副主任刘敏出席并致辞，浦东新区区委常委、副区长杨朝进行主旨推介。

△《美国化学会能源快报》（*ACS Energy Letters*）以"金属镍电极表面活性物质高效电催化氧化水的动力学（Kinetics of Active Oxide Species Derived from a Metallic Nickel Surface for Efficient Electrocatalytic Water Oxidation）"为题，发表了东华大学化学与化工学院麻祎蒙研究员和徐红研究员课题组在原位电化学动力学表征研究领域取得的进展。该课题组采用原位（operando）光谱电化学技术探究了金属镍电极实际氧化水的活性物质和氧化反应的动力学，对加深金属镍催化剂反应机理的理解具有积极意义。

7 日

△美国期刊《国际肾脏病学》（*Kidney International*）以"空气污染颗粒物

PM2.5可能增加IgA肾病肾衰发生风险(Particulate matter of air pollution may increase risk of kidney failure in IgA nephropathy)"为题,发表了上海交通大学医学院附属瑞金医院肾脏内科谢静远教授团队与生命科学技术学院、医学院临床研究中心俞章盛教授团队,共同开展关于环境污染与IgA肾病进展的多中心研究。该研究以多中心队列为基础,共纳入1 979例原发性IgAN患者(来自全国七个肾脏中心),通过卫星遥感气溶胶数据估计患者空气污染暴露水平,结合基线临床指标、病理参数、治疗药物与疾病进展终点事件关联,发现空气污染颗粒物PM2.5可能增加IgA肾病肾衰发生风险。

9 日

△美国期刊《科学》(Science)以"Transporting holes stably under iodide invasion in efficient perovskite solar cells(高效钙钛矿太阳能电池在碘化物入侵下空穴传输的稳定化)"为题,在线发表了上海交通大学材料科学与工程学院杨旭东教授团队关于钙钛矿电池稳定性的研究成果。该研究报道了钙钛矿太阳能电池中空穴传输的稳定化策略和内在机理,为解决高效钙钛矿太阳能电池稳定性问题提供了重要的科学和技术基础。

9—11 日

△D23 Expo 2022迪士尼全球粉丝大会在美国洛杉矶阿纳海姆举行。大会现场宣布了全球迪士尼主题乐园及度假区的未来新计划。其中,上海迪士尼度假区将成为首个将奥斯卡获奖迪士尼动画电影《疯狂动物城》的世界变为现实的迪士尼度假区。

10 日

△"音乐无国界•千里共婵娟——分享快乐,大白兔之夜"2022中秋音乐盛典在九棵树(上海)未来艺术中心大剧场举行,由著名导演滕俊杰和美国耶鲁大学音乐学院院长罗伯特•布鲁克尔担任艺术顾问。上海九棵树爱乐乐团,以及来自10个国家和地区的30余位音乐大师、艺术家,演奏各自拿手曲目,向世界展示"音乐无国界•千里共婵娟"的音乐艺术魅力。

12 日

△美国路易斯安那大学拉菲特分校数学系副教授汪翔升,通过腾讯会议为

上海师范大学师生作题为 "Global Analysis of a Viral Infection Model with Cell-to-cell Transmission and Immune Chemokines" 的讲座。

△美国中田纳西州立大学助理教授吴毅湘通过腾讯会议为上海师范大学师生作题为 "Evolution of Dispersal in Advective Patchy Environments" 的讲座。

13 日

△美国期刊《自动化》（*Automatica*）以 "Sequential Adaptive Switching Time Optimization Technique for Optimal Control Problems" 为题，发表了上海大学理学院数学系余长君副教授团队在最优控制领域的研究取得的突破性进展。该项成果以研究最优控制问题的切换时间优化为核心，所做的突破性工作在于克服了当前流行的控制参数化方法结合时域转换技术在求解问题时所存在的缺陷——即要求所有的控制函数必须具有相同的切换次数并同时切换，首次实现了控制切换时间从部分自适应优化向完全自适应优化的重大进展，解决了长期遗留下来的技术难点。

14 日

△上海市商务委员会副主任诸旖会见了美国美中全国贸易委员会上海代表处首席代表许子兰女士一行。诸旖表示，我们一直重视并认真研究美中贸易全国委员会的年度《中国商业环境调查》，其中反映的问题和发展趋势是我们跟踪和关注的重点和着力优化营商环境的方向。欢迎美资企业继续积极参与第五届进博会，我们将做好服务和保障工作。许子兰对于疫情期间市商务委给予广大美资企业的支持与协助表示感谢，尤其是市政府召开的政企对话圆桌会为企业面临的挑战提供了及时和直接的回应。

△上海国际问题研究院院长陈东晓会见来访的美国驻上海总领事何乐进 (James Heller)。双方就中美关系及近期的国际热点问题深入交换看法。国际合作与对外交流处处长朱菊华、智库发展与科研管理处张翀参加会见。

15 日

△美国期刊《化学趋势》（*Trends in Chemistry*）以 "Chirality Transfer Strategy in Asymmetric Total Syntheses" 为题，发表了上海中医药大学首席教授徐宏喜团队在藤黄属植物活性成分研究方面取得的进展。该研究介绍了手性

转移策略在活性天然产物合成中的应用和进展。

△美国期刊《化学教育杂志》(*Journal of Chemical Education*)以 "Introducing the Latest Self-healing Polymer Based on Thioctic Acid into the Undergraduate Chemistry Laboratory"为题,发表了华东理工大学化学与分子工程学院罗千福副教授团队关于多功能自修复材料本科教学实践成果。该团队简化了材料的合成方法,集成了测试手段,并借助虚拟仿真实验平台,从课堂教学、实验教学和虚拟仿真教学多维度引入这种来自科研前沿的自修复功能材料的教学内容,成功应用于本科教学的创新实践中,让学生在较短的时间内,高效、安全地学习探索这类前沿材料,更好地实现本科教学和科研的衔接,取得了良好成效。

16 日

△2022 世界设计之都大会主题论坛"设计共生·智慧赋能——国际建筑设计峰会"成功举办。主旨演讲环节,美国纽约大学谢尔顿·索洛(Sheldon Solow)带来关于建筑与城市发展的前沿灼见。华建集团副总裁周静瑜与上海交通大学城市更新保护创新国际研究中心主任、教授、哈佛访问学者王林主任现场连线美国哈佛大学设计学院院长莎拉·怀廷(Sarah Whiting)、哈佛大学设计学院终身教授琼·布斯克茨(Joan Busquets)等专家,围绕各自在城市建设方面的广泛实践和研究,就如何打造具有国际影响力的中西对话和多向交流,设计专业如何推动中西进行更深入的联结,上海如何才能成为一个有影响力的"全球设计之都"等议题,给予极具价值的专业建议。

△美国期刊《科学进展》(*Science Advances*)以 "Omics data unveil early molecular response underlying limb regeneration in the Chinese mitten crab, Eriocheir sinensis"为题,发表了上海海洋大学水产与生命学院王成辉教授团队,联合学院李晨虹教授、德国波茨坦大学迈克尔·霍夫瑞特(Michael Hofreiter)教授、美国内布拉斯加大学奥马哈分校吕国庆教授等研究人员关于中华绒螯蟹基因组与断肢再生研究取得的进展。该团队进行了比较基因组学分析,鉴别出节肢动物特有的基因和基因家族,为开展中华绒螯蟹的分子育种提供了重要的基因组资源和平台,为提升养殖生产与管理水平提供了有益指导。

20 日

△美国期刊《先进材料》(*Advanced Materials*) 以"仿生聚合物纳米颗粒通过放大内质网应激和诱导线粒体功能障碍的化疗增强肿瘤免疫治疗 (Biomimetic Polymeric Nanoparticle-Mediated Chemotherapy Potentiates Enhanced Tumor Immunotherapy via Amplification of Endoplasmic Reticulum Stress and Mitochondrial Dysfunction)"为题,在线发表了东华大学生物与医学工程学院史向阳教授团队在癌症诊疗纳米医学方面取得的重要研究进展。该研究设计的 GCT@CM NPs 纳米平台,为整合不同的治疗靶点以实现化疗增强的免疫治疗提供了新的思路。

21 日

△美国著名建筑大师、上海中心大厦总建筑师马溯·斯特贝尔(Marshall Strabala)受聘华东师范大学设计学院客座教授。马溯和他的马溯建筑设计(上海)有限公司已与华东师大设计学院合作建立了联合培养 MFA 艺术专业硕士"建筑艺术设计"新专业,旨在以国际化办学和产学研一体相结合的人才培养模式的建设为目标,培养一流的创新型建筑艺术设计人才。

△美国马萨诸塞大学教授王成通过腾讯会议为上海大学师生作题为"外延薄膜生长模型的三阶线性能量稳定数值格式(Third order accurate, linear numerical scheme for epitaxial thin film growth model with energy stability)"的讲座。

22 日

△上海迪士尼度假区宣布,其园内沉浸式主题展"阿凡达:探索潘多拉"正式向游客开放。该展览由迪士尼实体娱乐体验携手美国光影风暴娱乐公司共同打造,1 400 平方米的展厅融合创新的故事讲述和先进的布展技术,为游客呈现一步一景的主题,是全球首个在迪士尼乐园内举办的《阿凡达》主题展览。

△美国俄亥俄州立大学教授 King-Yueng Lam 通过通讯会议为上海师范大学师生作题为"Topics in Reaction-Diffusion equations"的系列讲座。

△美国期刊《质谱分析评论》(Mass Spectrometry Reviews)以"Advances in mass spectrometry imaging for toxicological analysis and safety evaluation of pharmaceuticals"为题,发表了上海中医药大学杨莉研究员团队关于质谱成像技

术应用于药物安全性评价研究的综述文章。该文章对生物医学和药物研发领域涉及的不同 MSI 技术进行了详细的总结,包括成像的原理、优势、现状和未来发展趋势,并介绍了该技术在化学以及天然药物的毒理学分析和安全性评价中的最新研究进展,为后续的新药研究和开发提供重要参考。

△《美国化学会志》(JACS)以 "Functional-Unit-Based Material Design：Ultralow Thermal Conductivity in Thermoelectrics with Linear Triatomic Resonant Bonds"为题,发表了上海大学材料基因组工程研究院杨炯教授团队和南方科技大学张文清教授团队的研究成果。该团队提出了材料设计的新范式——基于功能基元的材料设计方法(从功能基元的角度设计新材料),并成功地将此方法应用于新型热电材料的按需设计。该工作展现了具有线性三原子共振键(LTRB)基元的化合物表现出优异的热电性能,表明了基于功能基元的材料设计策略在发现新材料上的前景,同时也为其他功能材料的开发提供了新思路。

22—23 日

△"中国建筑学会学术(上海)论坛暨上海国际建筑文化周"在上海举行,同期"第二届'Pro + Award 普罗奖'颁奖典礼暨第三届启动仪式"成功举办。美国知名建筑师马溯等五十余位院士和政府领导、行业专家到场进行学术演讲,共同探讨代表当下城市建设诉求的项目,以前瞻性的眼光看待未来发展,寻求地产行业的时代变革与发展。

24 日

△中共中央政治局委员、上海市委书记李强与美国康宁公司董事长兼首席执行官魏文德举行视频连线。李强介绍了上海经济社会发展相关情况。欢迎康宁公司把更多技术研发、生产基地放在上海,形成更多创新突破,进一步增强上海总部的投资、管理、经营等复合型功能。魏文德表示,将进一步强化与上海的密切合作,持续加大在上海的投资,持续拓展新的合作领域,充分释放上海总部能量,携手共创美好未来。

△国家地理经典影像大展在上海举办。展览内容集结了美国国家地理协会自创立以来 130 多年杂志史上的佳作。展区近 1 600 平方米,成为该展创设以来,展陈面积最大的一场展览。

　　△由中国物理学会联合美国物理学会主办,南京大学美国校友会承办的纪念吴健雄诞辰 110 周年国际学术论坛在美国华盛顿举行。中国物理学会理事长、上海交通大学李政道研究所所长张杰教授和美国物理学会 2024 年候任会长、芝加哥大学金英姬教授代表中美两国主办方分别做主题演讲。中国物理学会特别派出以上海交通大学教授刘江来、中科院近代物理研究所研究员唐晓东和上海交通大学教授杨海军组成中国物理学会代表团赴华盛顿参会。

28 日

　　△上海市商务委员会二级巡视员赖晓宜出席星巴克中国第 6 000 家店(上海第 1 000 家店)落成暨全国首款"上海咖啡"首发上市仪式。星巴克中国首席执行官、星巴克全球执行副总裁蔡德粦在活动中致辞。星巴克力宝广场店是中国大陆第 6 000 家经过认证的绿色门店,全面应用领先的可持续零售和数字化营运解决方案。随着该店的开业,上海继续领跑世界,成为全球首个星巴克店数突破 1 000 家的城市。此外,星巴克携手 IP SHANGHAI,作为咖啡行业的上海城市形象推广公益合作伙伴,创新推出中国内地市场首款城市主题咖啡饮品——"上海咖啡",并于当月在全上海所有星巴克门店同步上市。

　　△一项国际多中心 Ⅲ 期临床研究结果发表在顶级医学期刊《美国医学会杂志》上,显示上海企业复宏汉霖自主研发的单抗药物——斯鲁利单抗注射液联合化疗,治疗广泛期小细胞肺癌的总生存期达 15.4 个月,刷新了一线治疗小细胞肺癌总生存期的纪录。这项研究为广泛期小细胞肺癌一线免疫治疗提供了新的方案,将为全球众多患者带来福音。

　　△由上海大学管理学院、上海大学数字创新与高质量发展研究中心、上海高水平地方高校"数字创新管理与治理"重点创新团队、上海市软科学研究基地—上海企业创新与高质量发展研究中心联合主办的纪念上海大学建校 100 周年系列高端讲座第 5 期《数字创新与数字创业:新兴研究背景、主题与路径》在 Zoom 在线会议室举行。来自美国凯斯西储大学魏德海管理学院的技术管理学教授萨蒂什·南比桑(Satish Nambisan)就数字创新与数字创业研究(Digital Innovation and Digital Entrepreneurship)展开专题分享。

　　△美国期刊《科学进展》(*Science Advances*)以"A wave-confining metasphere beamforming acoustic sensor for superior human-machine voice interaction"为题,发表了上海交大机械与动力工程学院教授张文明团队在语音

传感和交互识别领域的研究成果。该研究利用物理智能构建了多功能空间全向声学超球面传感器,结合多种智能算法优化系统功能,实现了多场景的卓越人机语音交互系统,为发展新一代智能机器人听觉系统和人机语音交互技术提供了新思路。

29 日

△首届世界顶尖科学家协会奖在上海揭晓。美国计算机科学与统计学家迈克尔 I.乔丹获"智能科学或数学奖",奖金为 1 000 万元人民币。迈克尔 I.乔丹是美国加州大学伯克利分校电子工程与计算机科学系、统计学系杰出冠名教授,他的突出贡献在于成功连接了计算机科学和统计学。

30 日

△上海市商务委员会副主任谙旆会见了上海美国商界(AmCham Shanghai)主席、科文顿·柏灵律师事务所高级顾问谭森(Sean Stein)。诸旆表示,希望双方未来继续增强交流,以圆桌会议、走访调研等多种形式开展更多的合作,切实了解并协调企业在发展中遇到的具体诉求和问题,提升美资企业在沪投资发展的信心,上海市、区两级投资促进部门也将为企业在沪投资兴业提供各方面的服务。谭森表示,上海美国商界将继续发挥两国间经贸交往的桥梁作用,努力将更多的优质企业和项目带来上海落地生根、蓬勃发展。双方还就促进双向投资、参加上海城市推介大会、上海市跨国企业地区总部及研发中心政策等话题进行了探讨。

本月

△美国新任驻华大使尼古拉斯·伯恩斯(Nicholas Burns)访问上海。这是他就任以来首次来访。在沪期间,伯恩斯参观了上海纽约大学、上海犹太人纪念馆、迪士尼乐园等,并与上海美国商会进行座谈。

△中美合资企业安波福电气系统有限公司位于安亭镇众百路 477 号的改扩建项目正式开工,总投资约 6.6 亿元,年产值将超 40 亿元。

2022 年度大事记
10 月

3 日

△美国期刊《神经元》(*Neuron*)以"人和小鼠视皮层编码时间信息(Visual Cortex Encodes Timing Information in Humans and Mice)"为题,发表了复旦大学脑科学研究院/医学神经生物学国家重点实验室张嘉漪团队,与复旦大学附属华山医院毛颖和陈亮团队合作,在时间信息预测研究方面取得的重要进展。该研究揭示了视皮层编码时间预测信息的重要机制,显著推进了对大脑时间预测机制的认识。

△《美国医学会-网络开放》(*JAMA Network Open*)以"Placebo Response to Oral Administration in Osteoarthritis Clinical Trials and Its Associated Factors:A Model-Based Meta-analysis"为题,发表了上海中医药大学交叉科学研究院郑青山和李禄金团队与南方医科大学珠江医院合作开展的关于骨关节炎安慰剂效应的研究成果。基于该研究建立的安慰剂效应模型,可精准合成安慰剂对照组,为真实世界缺少对照背景下评估中医药治疗骨关节炎的疗效提供可靠的外部对照和先验信息。

5 日

△美国国家科学院院士、美国斯克利普斯研究所 W. M. Keck 讲座教授,上海交通大学名誉教授巴里·夏普利斯凭借"点击化学",荣获诺贝尔化学奖。

6 日

△《美国化学会志》(*JACS*)以"Sheet-like 2D Manganese(IV) Complex with High Photothermal Conversion Efficiency"为题,发表了上海大学理学院化学系王兆喜课题组在用于生物诊疗的水溶性超常价态过渡金属配合物领域取得的突破。该工作制备了一种稳定的、水溶性的,单核 Mn(IV)配合物 Mn-

HDCL,并且在光热治疗和核磁共振成像方面具有很好的应用潜质。

7 日

△第三十四次上海市市长国际企业家咨询会议举行视频会议。上海市委书记李强,市委副书记、市长龚正与来自全球 24 个城市的 40 位国际企业家"云聚会",围绕"推动城市绿色低碳可持续发展"主题,听取国际企业家的智慧见解,携手实现更加绿色低碳、更加可持续的发展。上海市领导吴清、张为、舒庆、彭沉雷、陈群、宗明、刘多出席。出席会议的成员企业包括美国铁狮门公司、雅培公司、百威集团、嘉吉公司等。

△美国期刊《科学》(Science)以"+1 核小体转录起始复合物结构解析(Structures of +1 nucleosome-bound PIC-Mediator complex)"为题,发表了复旦大学生物医学研究院/复旦大学附属肿瘤医院徐彦辉团队的研究论文。该团队解析了包含+1 核小体(启动子下游第一个核小体)的 PIC-Mediator 复合物结构,首次展示了转录起始复合物与+1 核小体的紧密结合,表明+1 核小体对转录起始复合物在染色质上组装的重要调控作用,建立了表观遗传和转录起始的直接关联。该研究将改变对转录起始过程和以+1 核小体为代表的染色质相互关系的传统看法,为研究表观遗传和基因表达调控提供新的指导框架和结构基础。

8 日

△美国期刊《临床化学》(Clinical Chemistry)以"血浆 $A\beta42/40$ 及 p-tau 181 预测遗忘型轻度认知障碍长期转归的队列研究(Plasma $A\beta42/A\beta40$ and p-tau 181 Predict Long-Term Clinical Progression in a Cohort with Amnestic Mild Cognitive Impairment)"为题,发表了复旦大学附属华山医院神经内科、神经病学研究所赵倩华副教授和丁玎研究员团队关于阿尔茨海默病预测的研究成果。该研究首次前瞻性地在中国人群中对阿尔茨海默病外周血生物标志物的预测作用进行了验证,为外周血生物标志物——特别是 $A\beta42/A\beta40$ 和 p-tau181 在临床中的应用提供了更高等级的循证依据。

9 日

△美国期刊《先进科学》(Advanced Science)以"Hygroscopic Porous

Polymer for Sorption-Based Atmospheric Water Harvesting"为题,发表了上海
交通大学机械与动力工程学院制冷与低温工程研究所教授王如竹领衔的"能源-
水-空气"交叉学科创新团队 ITEWA (Innovative Team for Energy, Water &
Air)关于吸附式空气取水的吸湿多孔聚合物的研究进展。该研究聚焦目前热点
的吸附式空气取水技术,针对新一代取水吸附剂材料——吸湿多孔聚合物
(HPP),总结和分析吸附机理、吸附-解吸特性和取水应用潜力;针对基于 HPP
类吸附剂的空气取水系统,文章阐明了系统中吸附床、太阳能吸收器、冷凝收集
器等各部件对系统工作能力的影响,提出了对整体系统的结构设计和耦合优化
策略,并展望吸附式空气取水技术未来的发展思路和方向。该研究工作对下一
代空气取水系统的开发构建具有重要指导意义,对吸附式空气取水技术的产业
落地具有极大的推动作用。

10 日

△"中美关系变局及对上海吸收外资的影响"座谈会在上海国际问题研究院
举办。美国国际战略研究中心(CSIS)高级顾问及中国商务和经济项目主任甘
思德(Scott Kennedy)发表了主旨演讲。上海国际问题研究院院长陈东晓作开
幕致辞,上海市商务委员会副主任张国华、上海市人民政府外事办公室美洲工作
处处长张宇应邀出席会议并发表评论。上海国际问题研究院世界经济研究所和
美洲研究中心的成员出席会议并作互动交流。

11 日

△美国物理学会(American Physics Society)宣布将 2023 年度赫尔曼·费
什巴赫理论核物理奖(Herman Feshbach Prize in Theoretical Nuclear Physics)
授予上海交通大学李政道研究所教授迈克尔·拉姆齐-穆索夫(Michael
Ramsey-Musolf),以表彰他对核和强子系统的精确电弱相互作用研究做出开创
性的贡献,使得针对基本对称性的实验成为强相互作用和新物理的有力探针。

13 日

△上海市公共关系协会会长沙海林会见中欧美全球倡议发起人、中欧论坛
创始人高大伟。双方进行了亲切友好的会谈。高大伟向沙海林介绍了 DG2CI
国际文化传播公司的主要情况和业务分部,并对公共关系在公共外交、政府关

系、企业管理以及危机处理等方面的作用提出了很多独到的见解。沙海林向高大伟先生介绍了协会的情况和2022上海公共关系国际论坛,高大伟先生对国际论坛表示有浓厚的兴趣,并愿意参与相关工作。沙海林还介绍了协会的沙龙和高端讲座,并表示,协会在延续前几届品牌活动的基础上,要不断完善和提高,要尝试转型和创新。为大家创造沟通的条件,搭建多方交流的平台。

△美国物理学会《物理》(*Physics*)以"An Absorbing Dark Matter Experiment"和"Potential Dark Matter Signal Gives Way to New Limits"为题,报道了上海交通大学牵头的PandaX合作组对吸收型轻暗物质的搜寻结果。这是首次由暗物质直接探测实验开展分析寻找这一吸收型轻暗物质新型信号。

△美国伊利诺理工学院应用数学系教授、随机动力系统中心主任段金桥通过腾讯会议为东华大学师生作题为"Deterministic Methods for Stochastic Dynamical Systems"的讲座。

14日

△美国怀俄明大学教授刘荣颂通过腾讯会议为上海师范大学师生作题为"Plant-Herbivore Models with Toxin-Determined Functional Response"的讲座。

△美国哥伦布州立大学数学系副教授和系主任范桂红通过腾讯会议为上海师范大学师生作题为"The Modeling and Bifurcation Analysis in Vector-Borne Diseases"的讲座。

△美国期刊《临床癌症研究》(*Clinical Cancer Research*)以"聚乙二醇化脂质体多柔比星联合异环磷酰胺治疗晚期或转移性软组织肉瘤:一项前瞻性、单臂Ⅱ期研究(Pegylated liposomal doxorubicin combined with ifosfamide for treating advanced or metastatic soft tissue sarcoma: a prospective, single-arm phase Ⅱ study)"为题,发表了复旦大学附属肿瘤医院罗志国教授团队关于软组织肉瘤的临床研究成果。该研究表明聚乙二醇化脂质体多柔比星(PLD)-阿霉素联合异环磷酰胺(IFO)与之前报道的多柔比星(ADM)-IFO具有相似的疗效和较低的毒性。因此,PLD-IFO为晚期软组织肉瘤患者提供了一种有效且耐受性良好的治疗选择。

△中国科协和美国科学促进会共同创办的综合性科技期刊《研究》(*Research*)以"肺癌口腔微生物组的宏蛋白质组学深度分析(In-Depth

Metaproteomics Analysis of Oral Microbiome for Lung Cancer)"为题,在线发表了上海交通大学生命科学技术学院肖华课题组与合作者的研究论文。该研究创建了宏蛋白质组学研究新策略,从微生物功能的执行者——蛋白质的水平对微生物组开展了深入探究,实现了口腔微生物组的深度宏蛋白质组学解析,并为发现肺癌与微生物组紊乱之间的关系提供了新线索。

17 日

△上海广播电视台东方卫视频道新闻时评节目《今晚》推出 5 集《与世界对话——引领未来的中国智慧》特别策划,邀请来自美国、克罗地亚等国家政要、学者、专家,围绕全球经济,全球治理,全球发展,大国外交,制度创新等话题,讨论中国提出的一系列富有中国特色、体现时代精神、引领人类进步潮流的新理念新主张新倡议,以及由此产生的中国道路,中国智慧。

△《美国化学会志》(JACS)以 "Evidence for Water Antibonding Orbital Mixing in the Hydrated Electron from Its Oxygen 1s X-ray Absorption Spectrum"为题,发表了上海纽约大学化学助理教授威廉·格洛弗(William Glover)团队在放射疗法领域的研究成果。辐射既能使正常细胞癌变让人患上癌症,同时又能通过杀死癌细胞来治愈癌症。辐射影响 DNA 的途径之一,是在细胞中产生一系列活性物质与 DNA 发生反应。该团队探析其中一种活性物质——"水合电子"的特性,了解 DNA 受损过程。该成果有助于优化对癌症患者的放疗方案,或研发出药效更好的药物来提升放疗的效果。

△美国期刊《细胞代谢》(*Cell Metabolism*)以 "Ferroptosis heterogeneity in triple-negative breast cancer reveals an innovative immunotherapy combination strategy"为题,发表了复旦大学附属肿瘤医院乳腺外科邵志敏、江一舟教授领衔团队关于三阴性乳腺癌治疗策略的研究成果。该研究显示,"铁死亡"在三阴性乳腺癌"复旦分型"的其中一个亚型——腔面雄激素受体型(LAR)中表现更为活跃,以"谷胱甘肽过氧化物酶 4"(GPX4)为核心的谷胱甘肽代谢在 LAR 型三阴性乳腺癌"铁死亡"调控中具有重要地位。GPX4 抑制剂联合免疫治疗可能成为 LAR 型三阴性乳腺癌的潜在新治疗策略。

18 日

△2022 年世界创造力教育峰会由经济合作组织教育研究与创新中心和创

造力培养全球研究院以线上线下相结合的方式联合举办。围绕"学校中的创造力培养——从国际政策到区域实践、从独立学科到跨学科教学"主题,峰会邀请权威专家解读国际趋势、关注本土实践探索。与会的中国、美国等国代表学校进行了中小学创造力培养实践案例分享与研讨。上海海事大学附属北蔡高级中学的青年教师薛晟通过峰会直播平台,分享该校多年来探索"水下无人机"的综合课程案例。美国斯坦福大学设计学院副院长 Laura McBain 表示:这一分享给我们的启示是,应当探索如何用适切的方式引导学生独立思考、用可资利用的材料来开展有趣的项目。

21 日

△上海市委常委、副市长张为会见了美国辉瑞公司中国区总裁彭振科(jean-christophe pointeau)。张为首先对辉瑞公司在支持抗疫方面的贡献表达了感谢,并表示上海是生物医药产业发展重镇,生物医药是上海三大先导产业之一。上海创新要素资源富集,拥有全国 1/5 的生物医药产业人才,国际化程度首屈一指,产业发展前景广阔。辉瑞是世界领先的生物医药企业,希望未来双方不断加强合作。上海将一如既往为外企在沪发展提供全力支持。彭振科介绍了辉瑞公司在上海发展情况。他表示,在上海设立的辉瑞中国研发中心是在华跨国制药企业设立最早、规模最大的研发中心之一,也是辉瑞亚太地区和全球重要的研发枢纽。辉瑞始终关注创新、合作与承诺,积极参与推进中国卫生健康事业的发展。希望未来与上海进一步深化合作,推动生物医药产业的发展。

△美国期刊《环境科学与科技》(*Environmental Science & Technology*)以"The Association Between Microplastics and Microbiota in Placentas and Meconium:The first evidence in human"为题,发表了复旦大学公共卫生学院董瑞华课题组在母婴微塑料暴露研究领域取得的进展。该研究发现饮水和使用磨砂的洁面膏或牙膏可能是孕妇的潜在接触来源,母乳喂养与奶瓶及塑料玩具的使用可能是哺乳期婴儿的潜在接触来源。同时,微塑料(MPs)暴露可能会对胎盘和胎粪微生物群落造成不良影响。

△美国期刊《科学进展》(*Science Advances*)以"Unexpected significance of a minor reaction pathway in daytime formation of biogenic highly oxygenated organic compounds"为题,发表了复旦大学大气与海洋科学系/大气科学研究院赵德峰课题组与其合作者关于大气天然源高含氧有机物生成的新机制的研究成

果。该研究揭示了大气天然源高含氧有机物生成的新机制,不仅有助于深化理解 HOM 的生成机理,同时对准确预测 SOA 的浓度、组成和云凝结核的浓度,评估 SOA 的气候效应都具有重要意义。

△美国期刊《IEEE 信息论汇刊》(*IEEE Transaction on Information Theory*)以"有限块长 MIMO 准静态瑞利衰落信道中大规模随机接入的能量效率(Energy efficiency of massive random access in MIMO quasi-static Rayleigh fading channels with finite blocklength)"为题,发表了上海交通大学电子信息与电气工程学院电子工程系吴泳澎教授课题组在 6G 基础研究领域取得的重要进展。该研究采用 Fano 界来推导大规模随机接入在非渐近场景下的理论界,揭示了一系列对实际超大规模连接系统通信方案设计具有重要指导意义的结论。该研究成果填补了超大规模连接场景背后的系统性信息理论框架空白。

美国当地时间 21—23 日

△以"饮水思源,砥砺前行"为主题的第十二届交通大学美洲校友会联谊峰会在美国华盛顿特区召开,来自太平洋两岸的 120 多个城市的 300 多位校友共同与会。五所交通大学校长通过视频方式向峰会致辞。交大校友、美国福茂集团董事长赵锡成,美国第十八任交通部长赵小兰等携众嘉宾联袂出席。"业界大咖"杨元庆、刘民、金敏成、靳巨、马喆人等校友论道企业发展,"学界大牛"刘奕路院士、梁杰院士、王郴平教授等探讨学术前沿,"职场前辈"贾宏钟、马天为、弓峰敏、戴弘等校友畅谈职业发展。交通大学美洲校友总会理事长张晓青代表校友会授予赵锡成"终身成就奖",以表彰其毕生对社会、企业和校友会的卓越贡献。交大创始人、盛宣怀曾外孙、美国马里兰大学教授胡富民来到现场,为峰会带来盛氏家族盛毓凤、盛毓鹤、盛毓贤的题词祝福,并热心捐赠家谱。

22 日

△由上海交通大学媒体与传播学院与国际传播学会(ICA)共同主办的 2022 年新媒体国际论坛在线开幕。本届大会主题为"智能传播与真实世界(Intelligent Communication and Real World)"。ICA 现任主席、美国西北大学 Noshir Contractor 教授,ICA 前主席、南佛罗里达大学 Patrice Buzzanell 教授等专家、学者相聚云端,共同探讨智能传播时代对新闻传播学科建设与专题研究

带来的机遇与挑战。

25 日

△"外国人眼中的上海视觉展(长宁篇)"在上海艺术品博物馆正式开幕,展览吸引了来自美国等超过三十个国家的国际友人、领馆代表参加,通过镜头向观众展示了外国人眼中长宁特殊的魅力,见证了长宁区在改革开放 40 余年来、特别是近 10 年来所取得的成绩。

△《美国化学会志》(JACS)以"Polymethine Molecular Platform for Ratiometric Fluorescent Probes in the Second near-Infrared Window"为题,发表了复旦大学药学院雷祖海课题组在近红外二区(NIR-II)荧光成像领域取得的进展。该研究项目设计并构建了一个 NIR-II 比率型荧光探针分子平台,可实现对活体深层组织内酶等生物分子的量化可视化监测。

△《美国化学会志–催化》(ACS Catalysis)以"Molecular Evolution of an Aminotransferase Based on Substrate-Enzyme Binding Energy Analysis for Efficient Valienamine Synthesis"为题,在线发表了上海交通大学冯雁教授团队崔莉副研究员的研究成果。该研究提出了基于"酶–底物结合能分析"的半理性进化方法,使非天然小分子底物在转氨酶大结合口袋中进行有效适配,有效提升了酶催化合成糖尿病药物中间体–井冈霉烯胺的能力。

△美国期刊《地球物理研究通讯》(Geophysical Research Letters)以"δ18O of O2 in a Tibetan Ice Core Constrains Its Chronology to the Holocene"为题,发表了上海交通大学海洋学院极地与气候变化团队关于青藏高原冰芯的年龄框架的研究成果。该研究为青藏高原冰芯定年工作提供了新的独立证据,有助于厘清青藏高原不同冰芯古气候记录之间的矛盾,进一步探讨青藏高原第四纪冰川变化问题等。

26 日

△美国期刊《细胞》(Cell)旗下刊物《研究指南》(STAR Protocols)以"原位聚合蜂窝吸湿聚合物用于空气取水的实验方案(Protocol for atmospheric water harvesting using in situ polymerization honeycomb hygroscopic polymers)"为题,发表了上海理工大学能动学院张华教授团队联合上海交通大学王如竹教授团队关于水凝胶吸附剂的实验指南。该团队报道了一种基于水凝

胶的新型复合吸附剂的合成方法,由此开发的新型蜂窝凝胶吸附剂具有单位体积超高集水能力和低温解吸的特质。该实验方法为设计和开发高效的空气取水凝胶复合吸附剂提供了一条行之有效的路径。

△Weiss/Manfredi 事务所创始人、美国宾夕法尼亚大学格雷姆实践教席教授马里昂·韦斯(Marion Weiss),哈佛大学资深设计评论家、驻校专家迈克尔·曼弗雷迪(Michael Manfredi)通过 Zoom 会议为同济大学师生作题为"项目与前提(Projects and Premises)"的讲座。

△《美国科学院院报》(*PNAS*)以"Upregulation of BTN3A1 on CD14＋cells promotes Vγ9Vδ2 T cells activation in psoriasis"为题,发表了复旦大学附属华山医院皮肤科张正华研究员团队联合上海市免疫学研究所沈蕾研究员团队关于银屑病的研究成果。该研究揭示了调控银屑病患者 γδT 细胞活化的新机制。

28 日

△以"摄影,让上海会见多彩世界"为题的 2022 上海国际摄影节暨第十六届上海国际摄影艺术展览,在上海杨浦滨江毛麻仓库拉开序幕。展览共收到中国34 个省市、自治区、直辖市、香港和澳门特别行政区,以及美国等 15 国摄影人的53 000 余幅作品,创下上海国际摄影艺术展览举办至今历史之最。

△美国期刊《细胞代谢》(*Cell Metabolism*)以"Ultrasensitive sensors reveal the spatiotemporal landscape of lactate metabolism in physiology and disease"为题,发表了华东理工大学药学院、生物反应器工程国家重点实验室、上海市细胞代谢光遗传学技术前沿科学研究基地赵玉政教授、杨弋教授以及上海市第四人民医院王从容主任合作的关于体乳酸监测成像与医学快速检测新技术的研究成果。该研究报道了一种高性能的乳酸监测成像新技术,实现了在活细胞、亚细胞和在体水平对乳酸代谢的原位、实时、定量动态追踪,并在乳酸空间分布、调控网络、药物筛选、临床诊断方面取得重要突破,不但发展了具有广泛应用前景的乳酸代谢监测技术,解决了关于乳酸代谢的长期争议,引出一系列前沿研究问题,还为生命现象解析、疾病机制探索、创新药物发现、疾病快速诊断等生命医学领域提供了创新性的研究工具,助力人民生命健康。

28—29 日

△"2022 上海浦江知识产权国际云论坛暨长三角珠三角知识产权合作联动

大会暨第二届京津沪渝知识产权论坛"在上海科创高地张江科学城康桥先进制
造技术创业园和浦西科创高地漕河泾高新技术开发区举行。论坛由外交部南南
合作促进会、国际保护知识产权协会中国分会、中国欧洲经济技术合作协会(商
务部)、上海市突出贡献专家协会等联合主办。联合国世界知识产权助理总干事
马可·阿莱曼先生、美国科睿唯安(Clarivate)中国区总经理宋建福先生、上海市
公关协会会长沙海林、联合国世界知识产权组织驻中国办事处原副主任吕国良
等100位嘉宾通过线上线下发表演讲,演讲内容涉及知识产权的创造、应用、保
护等各方面,演讲次数114次,堪称国内首次"百人知识产权国际论坛"。

30 日

△世界顶尖科学家论坛"科学 T 大会"上,美国国家科学院院士埃菲·杰曼
诺夫教授以及青年科学家团队代表、上海交通大学副教授严骏驰获颁"未来科学
家"培养计划导师聘书。"未来科学家"培养计划将每年在上海遴选100名有良
好科创基础和科创潜质的中学生,经过一年培育之后,评选出10名"未来科学
家",并在第二年的"科学 T 大会"上登场亮相。

△美国《营养饮食协会期刊》(*Journal of Academy of Nutrition and
Dietetics*)以"Gardening is Associated with Better Cardiovascular Health
Status Among Older Adults in the US: Analysis of the 2019 Behavioral Risk
Factor Surveillance System (BRFSS) Survey"为题,发表了复旦大学公共卫生
学院高翔教授与美国宾州州立大学医学院团队关于园艺活动的健康益处的研究
成果。该研究发现种菜养花有利于心血管健康。

31 日

△美国建筑师协会(AIA)国际设计奖(International Design Awards)颁奖
典礼在英国伦敦举行,旨在表彰 AIA 国际成员在全球范围内的最佳实践项目、
创新思维和卓越设计。同济大学建筑与城市规划学院袁烽教授设计的"乌镇互
联网之光博览中心"荣获本年度 AIA 国际设计建筑荣誉奖(Honor Awards for
Architecture)。该奖项为美国建筑师协会国际设计奖类别中的最高荣誉。

△美国期刊《细胞报道-物理科学》(*Cell Reports Physical Science*)以
"Understanding the effectiveness of enzyme pre-reaction state by quantum-
based machine learning model"为题,在线发表了上海交通大学生命科学技术

学院赵一雷教授研究团队关于酶催化立体选择性预测的研究成果。该团队通过模型对比,成功说明了在生物合成酶残基突变和底物改造等实际应用场景中预反应态模型预测具有压倒性的优势,进一步阐明了蛋白质工程对酶催化反应势能面的影响主要集中在预反应态区域的变化,而在生物合成酶在天然或人工进化中过渡态区域已经高度优化并相对稳定。该研究工作将显著地推进预反应态模型在生物合成酶蛋白质工程改造领域的应用。

本月

△上海纽约大学当代艺术中心(上纽 ICA)获得由普利策奖得主保罗·萨罗佩克(Paul Salopek)主导的非营利性项目"走出伊甸园"的捐赠。上纽 ICA 作为公益性艺术馆和研究中心,致力于推动当代艺术发展,以促进不同想法的交流融合。捐赠将为上纽 ICA 与其合作的夏季展览项目"徒步中国"奠定基础。

2022 年度大事记
11 月

1 日

△美国期刊《神经影像》(*Neuroimage*)以"Towards in vivo ground truth susceptibility for single-orientation deep learning QSM: A multi-orientation gradient-echo MRI dataset"为题,发表了上海交通大学生物医学工程学院魏红江课题组关于新型磁共振脑成像技术的研究文章。该课题组利用前期开发的高精度 QSM 成像技术,构建了领域内首个高质量 QSM 脑影像数据集、脑图谱精准脑分区及定量评估参数,为 QSM 领域中相关的研究提供了统一的参考标准和宝贵的数据资源,为加速深度学习推动脑组织结构精准定量,脑微小结构的灵敏检测及相关脑疾病的临床应用作出了贡献。

2 日

△美国美中贸易全国委员会会长克雷格·艾伦(Craig Allen)一行 6 人到访复旦大学美国研究中心。复旦大学国际问题研究院院长、美国研究中心主任吴心伯教授带领来访人员参观了中心并介绍了中心的基本发展情况。当晚,吴心伯院长与克雷格·艾伦会长共同出席了"中美关系对话"活动。双方围绕"美中贸易全国委员会在中美关系中发挥的作用""中美经济联系的现状和面临的主要挑战""特朗普政府与拜登政府对华经济政策的共同性和差异性""美国商业界如何看待中美经济关系的前景""经济联系是否仍是中美双边关系的压舱石""美国中期选举后改善中美双边关系的机遇"等问题进行了积极的互动交流。

2—11 日

△美国北科罗拉多大学安东·扎迈(Anton Dzhamay)教授通过腾讯会议为上海大学师生作题为"离散可积系统与潘勒韦方程(Discrete Integrable Systems and Painlevé Equations)"的系列讲座。

3 日

△上海市市长龚正会见美中贸易全国委员会会长克雷格·艾伦及会员企业代表团。龚正介绍了上海市近期的经济发展情况,并感谢美中贸易全国委员会及会员企业为推动中美经贸关系和上海市经济发展做出的积极贡献。龚正表示,非常高兴得知委员会参加第五届进博会并组织虹桥分论坛美资企业专场活动,希望委员会继续发挥桥梁作用,推动中美经贸关系行稳致远。艾伦感谢上海市政府对在沪美资企业恢复运营和保持贸易畅通给予的大力支持。

△"中美经贸关系演变及其影响"研讨会在上海国际问题研究院成功举行。美中贸易全国委员会会长克雷格·艾伦(Craig Allen)、上海市公共关系协会会长沙海林分别作主旨发言。研讨会由上研院副院长严安林主持,学术咨询委员会主任杨洁勉致欢迎辞。在会议的研讨交流环节,上海市国际贸易促进委员会副会长顾春霆,华东师范大学教授、上海市人民政府决策咨询基地/余南平工作室领军人物余南平,英威达中国投资有限公司董事长、英威达亚太区尼龙中间体业务副总裁李凯(Kyle Redinger),上研院世界经济研究所副所长叶玉分别作专题发言。与会嘉宾分别围绕世界经济、中美经贸关系演变、美国跨国公司的全球战略布局以及中美两国如何维护全球供应链韧性和稳定性等议题展开了务实且深入的讨论。上研院世界经济研究所、美洲研究中心的部分专家学者参与互动交流。最后,上海国际问题研究院学术咨询委员会主任杨洁勉对此次研讨会作了精彩总结。

△美国期刊《分子细胞》(*Molecular Cell*)以"Mechanistic insight into allosteric activation of human pyruvate carboxylase by acetyl-CoA"为题,发表了上海交通大学医学院范先群院士团队和精准医学院执行院长雷鸣教授团队合作的关于葡萄膜黑色素瘤关键激活机制的研究成果。该研究揭示了葡萄膜黑色素瘤糖异生关键酶别构激活机制,也阐明了乙酰辅酶 A 如何别构调控丙酸羧化酶的这一关键科学问题,在肥胖症、糖尿病、病毒感染和恶性肿瘤的药物研发方面拥有重要治疗意义。

4 日

△由上海大剧院、大地音乐出品,上海大剧院创制中心制作,美籍华裔芭蕾舞艺术家谭元元领衔、多位海外华人舞蹈家参与主演的全新舞剧《白蛇》在上海大剧院世界首演。该剧通过芭蕾与中国舞、现代舞、武术等元素的融合,辅以多

媒体技术的运用,既包含"白蛇"故事的经典情节元素,又突破古代传说,赋予了具有当代性的象征意味,探讨当代女性精神世界的自我修炼与蜕变。

△美国期刊《科学进展》(*Science Advances*)以"In Situ Diversity of Metabolism and Carbon Use Efficiency among SoilBacteria"为题,发表了上海海洋大学海洋科学学院吴伟超研究员与德国哥廷根大学、德国图灵根大学、美国北亚利桑那大学和中科院昆明植物所的研究人员合作的关于土壤微生物群落原位代谢和碳利用效率多样性的研究论文。该研究揭示了微生物群落动态代谢过程。

△美国伍斯特理工学院张中强副教授通过腾讯会议为上海大学师生作题为"带有分数阶拉普拉斯的偏微分方程的径向基函数法(Radial basis function methods for PDEs with integral fractional Laplacian)"的讲座。

△美国期刊《环境科学与技术》(*Environmental Science & Technology*)以"氯配位钯单原子增强了对挥发性有机化合物降解的抗氯性:机理研究(Chlorine-Coordinated Pd Single Atom Enhanced the Chlorine Resistance for Volatile Organic Compound Degradation:Mechanism Study)"为题,发表了上海理工大学环境与建筑学院能源与环境工程专业博士生毕付坤的研究成果。该研究揭示了氯配位钯单原子催化剂在提高负载型贵金属催化剂降解过程中抗氯能力的重要作用,为开发挥发性有机化合物降解高抗氯毒害的催化剂提供重要的理论依据。

5 日

△美中贸易全国委员会、中国国际进口博览局在国家会展中心(上海),举办第五届虹桥国际经济论坛"开放共享"分论坛"美资企业与进博会:五周年回顾与展望",旨在促进美国工商界对华交流合作,提升美资企业在华投资运营信心、推动中美经贸关系健康稳定发展。

△在由中国商务部、国务院国资委与联合国全球契约组织共同主办的第五届虹桥国际经济论坛"践行全球发展倡议　建设世界一流企业"分论坛上,百事公司执行副总裁兼首席集团事务官、百事基金会董事长罗伯特·阿泽维多等嘉宾围绕如何践行全球发展倡议、建设世界一流企业在线发表主题演讲;3M 公司董事长兼首席执行官迈克·罗曼等嘉宾围绕全球发展倡议的重要意义以及企业践行全球发展倡议、促进合作共赢、加速实现可持续发展目标等内容在线展开对

话讨论。

△第五届虹桥国际经济论坛中最重要的活动之一、"RCEP 与更高水平开放"高层论坛在上海举行。美中贸易全国委员会会长克雷格·艾伦致辞。

5—10 日

△第五届中国国际进口博览会在上海举办。来自 127 个国家和地区的企业参加企业商业展,其中约有 200 家美国企业,数量与 2021 年基本持平。上海美国商会董事会成员卡梅伦·约翰逊在接受记者采访时表示,进博会对美国企业仍然具有吸引力,是美国企业了解中国市场、展示商品和服务理念的重要渠道。

△上海市人大常委会副主任、上海市人民对外友好协会会长陈靖一行参观多家参展进博会的美国企业、机构的展台,包括戴尔、通用电气医疗、特斯拉等。

6 日

△第五届虹桥国际经济论坛"浦东高水平制度型开放与全球经济治理"分论坛在国家会展中心举行。在最后的互动讨论环节,美国通用汽车全球执行副总裁兼通用汽车中国区总裁柏历等六位嘉宾分别讲述了深度参与、见证并受益于中国改革开放和浦东开发开放的经历。美国通用汽车公司从 1997 年落户上海浦东,参与并见证了中国的汽车进入千家万户的过程。

△主题为"科学向新　共创未来"的第五届世界顶尖科学家论坛在上海开幕。包括美国斯坦福大学结构生物学教授罗杰·科恩伯格、美国计算机科学与统计学家迈克尔·乔丹、美国国家科学院院士迈克尔·莱维特等在内的顶尖科学家专程来沪参与线下交流。来自 20 多个国家和地区、跨越 12 个时区的 60 位顶尖科学家应邀以线上或线下形式出席论坛,其中包括 27 位诺奖得主。这是新冠肺炎疫情在全球蔓延以来,线下出席论坛的海外顶尖奖项得主人数最多的一届盛会。开幕式上,美国计算机科学与统计学家迈克尔·乔丹和德国生物化学家迪尔克·格尔利希获颁首届世界顶尖科学家协会奖。

△以"拥抱进博·共享未来"为主题的 2022 上海城市推介大会在上海世界会客厅举行,向全球发出上海坚定不移扩大开放、欢迎全球企业和人才来沪发展的热情邀请。中共中央政治局委员、上海市委书记陈吉宁出席大会并致辞,市委副书记、市长龚正作主旨推介。市领导诸葛宇杰、吴清、朱芝松、郭芳、宗明出席。会上还举行了美国企业通用电气航空增资、盖璞商业增资拓展零售市场等项目

签约仪式。

△中美合资企业在第五届进博会医疗器械及医药保健展区 7.2H,百时美施贵宝中国举办了 40 周年庆典。上海市商务委员会总经济师罗志松参加庆典,并向百时美施贵宝授"根植中国 40 周年纪念"祝贺牌。

△上海市商务委员会副主任刘敏在国家会展中心先后参加了雅诗兰黛、宝洁公司进博会开馆仪式。

△美国期刊《循环》(*Circulation*)以 "Indobufen or Aspirin on Top of Clopidogrel after Coronary Drug-eluting Stent Implantation(OPTION):a Randomized, Open-label, Endpoint-blinded, Non-inferiority Trial"为题,发表了复旦大学葛均波团队在心血管领域的研究成果。该研究发现在接受冠状动脉药物洗脱支架(DES)植入的中国心肌肌钙蛋白阴性患者中,吲哚布芬加氯吡格雷 DAPT 与阿司匹林加氯吡格雷 DAPT 相比,吲哚布芬加氯吡格雷 DAPT 显著降低了 1 年净临床结局的风险,这主要是由于出血事件减少而不增加缺血事件。

7 日

△《美国科学院院刊》(*PNAS*)以 "Midbrain dopamine neurons arbiter OCD-like behavior"为题,发表了复旦大学脑科学转化研究院陆巍研究组与上海交通大学/上海精神卫生中心袁逖飞研究组合作的关于精神疾病共患症状重复刻板行为的研究成果。该研究揭示了多巴胺调控重复行为的精准环路基础及不同类型 DR 亚型对重复行为的差异性调控机制。该研究成果将有可能为重复刻板行为这一众多精神疾病共患症状的诊治提供新的靶点。

△《美国化学会志》(*JACS*)以 "Light-Reconfiguring Inhomogeneous Soft HelicalPitch with Fatigue-Resistance and Reversibility"为题,发表了华东理工大学化学与分子工程学院、材料生物学与动态化学教育部前沿科学中心朱为宏教授和物理学院郑致刚教授在光可重构的非均匀螺距软物质超结构研究中取得的突破性进展。该研究解决了液晶软结构多自由度调控的难题,创新性地应用了 glum 高达 1.88 圆偏振发光和宽光谱光场调控。

8 日

△上海市委常委、副市长张为会见了美国高通公司全球首席商务官吉姆·凯西(Jim Cathey)。会见中,张为表示,高通是全球领先的无线科技创新者,对

上海经济社会发展作出了积极贡献。上海正在着力建设"五个中心",加强要素集聚。今年上半年,尽管疫情给经济发展造成了较大冲击,但上海经济在疫情冲击下展现出了较强的发展韧性。下半年,工业复苏势头强劲,新动能领先增长。其中,新能源汽车的蓬勃发展也催生了汽车芯片应用等诸多方面的巨大需求。希望未来高通与上海加强沟通与合作,更加积极参与上海产业发展。吉姆·凯西表示,高通在华发展三十年,取得了不俗的成绩。在此期间,公司得到了上海市各级政府的大力支持,对此深表感谢。在疫情背景下,高通在上海依然取得了不错的业绩,持续创造就业,不断扩大投资。公司对上海充满信心,希望在汽车、拓展现实、物联网、云计算等诸多领域与上海开展务实合作。市政府副秘书长庄木弟、市经信委主任吴金城、市商务委副主任诸旖、浦东新区副区长吴强陪同出席会见。

　　△上海宝尊电商有限公司正式宣布,将以全现金交易方式收购美国品牌Gap 大中华区业务。Gap 品牌总裁兼首席执行官马克·布莱特巴德(Mark Breitbard)表示,与宝尊这样的中国电商服务专家的深度合作,不仅能够进一步释放品牌增长潜能,实现与新老客户更密切的联结,也会持续创新,为消费者提供更多个性化且以服务为导向的消费体验。

　　△由中国汽车工业协会主办的第 12 届中国汽车论坛在上海嘉定开幕。论坛上,美国汽车创新联盟首席执行官约翰博泽拉(John Bozzella)作主题演讲;各国政府官员、经济学家、企业家、科学家和专家学者等共同探索产业稳定发展大计,就全球汽车产业发展的共性问题开展多维度、深层次的交流和研讨。

　　△《美国科学院院报》(PNAS)以 "Superenhancer drives a tumor-spcific splicing variant of MARCO to promote triple-negative breast cancer progression" 为题,发表了复旦大学附属肿瘤医院邵志敏教授、江一舟教授团队携手黄胜林教授团队关于三阴性乳腺癌治疗新靶点的研究成果。该研究首次描绘了三阴性乳腺癌肿瘤特异性转录本图谱,开拓了寻找三阴性乳腺癌治疗靶点的全新视角。首次证实了 BET 抑制剂可以显著抑制 MARCO-TST 阳性的三阴性乳腺癌,具有较高的临床转化价值,有望成为三阴性乳腺癌精准治疗的新选择。

8—9 日

　　△第十一届中国国际石油贸易大会(简称石油大会)上海举办。作为进博会的重要配套活动,本届石油大会以"深化油气国际贸易与合作,促进经济社会高

质量发展"为主题。来自 14 个国家和地区的知名石油生产、贸易和航运企业、金融和资讯机构以及学术研究机构代表近 500 人通过线上线下方式参会。在主题发言环节,美国康菲公司董事长兼首席执行官蓝睿谙,美国切尼尔能源首席商务官兼切尼尔能源控股公司董事阿纳托·费根,美国贝克休斯集团董事长、总裁兼 CEO 洛伦佐·西蒙尼利,标普全球大宗商品高级副总裁兼地缘政治和国际事务总经理卡罗斯·帕斯夸尔聚焦中外油气行业共同关注的前沿和热点问题,解析疫情冲击及地区冲突背景下油气行业新挑战,交流能源绿色低碳、创新引领新趋势,探索后疫情时代油气产业链供应链安全稳定新思路。中国商务部副部长盛秋平、上海市政府副秘书长顾洪辉、上海市商务委员会副主任申卫华等出席开幕式。

8—19 日

△复旦大学国际问题研究院院长、美国研究中心主任吴心伯教授作为中国人民外交学会代表团成员,赴美国纽约参加中美前政府官员和工商界人士对话以及其他重要交流活动。代表团由中国人民外交学会会长王超带队,成员还包括商务部前部长陈德铭,原国务院侨办主任裘援平,国家发展改革委前副主任宁吉喆,前驻美国大使崔天凯,中国人民银行前副行长朱民和中国贸促会副会长于健龙等。美方代表主要包括前联邦参议员利伯曼,前驻华大使博卡斯、布兰斯塔德,前参谋长联席会议主席马伦等。14 日,代表团出席了中国人民外交学会与美中跨太平洋基金会共同举办的中美知名人士论坛第四次会议;15—19 日,吴心伯教授到访华盛顿,与布鲁金斯学会、战略与国际问题研究中心等机构的专家学者交流,出席乔治城大学主办的学术会议,并与美国国务院负责对华事务的助理国务卿帮办华自强(Rick Waters)、中国驻美大使馆井泉公使就中美关系交换意见。

9 日

△美国期刊《科学进展》(*Science Advances*)以"Cryo-EM structure of the human sodium-chloride cotransporter NCC"为题,发表了复旦大学生物医学研究院张琰青研究组在高血压领域的研究成果。该研究通过单颗粒冷冻电镜解析了人源 NCC 的高分辨结构,加深了对 CCC 家族蛋白的理解,也可为相关疾病的研究和药物的研发提供结构信息。

10 日

△《美国化学会志》(*JACS*)以"等网络设计强二次谐波产生的 KTiOPO4 构型深紫外透过材料 (Isoreticular Design of KTiOPO4-like Deep-Ultraviolet Transparent Materials Exhibiting Strong Second-Harmonic Generation)"为题,发表了欧洲科学院院士、同济大学化学科学与工程学院张弛教授团队的研究成果。该研究以 d0 过渡金属氧氟化物为研究对象,提出了一种"等网络分子设计"策略,创制了首例深紫外透过的 d0 过渡金属氧氟化物晶态材料 MOF4H2 (M=Zr (ZOF), Hf (HOF)),探讨并阐明了该氧氟化物可实现带隙和倍频效应同步增益的物理机制,对于创制研发新型高性能深紫外二阶非线性光学晶态材料具有重要的科学意义和示范作用。

△美国期刊《微生物谱》(*Microbiology Spectrum*)以"The Microbial and Metabolic Signatures of Patients with Stable Coronary Artery Disease"为题,发表了上海中医药大学中药学院李后开教授团队在冠心病患者的肠道菌群与机体代谢变化特征研究中取得的新进展。该研究不仅描绘了 SCAD 患者体内代谢与肠道菌群的特征性变化,而且首次发现了 SCAD 患者肠道中富集的 Ralstonia Pickettii 可能是患者体内 USFAs 降低的重要原因,为从肠道菌群的角度认识 SCAD 形成的机制提供了新证据。

12 日

△2022 国际青少儿艺术科普展·嘉定(菊园)巡展在上海菊园百果园拉开帷幕。由菊园新区与上海艺术品博物馆共同主办,以"植物密码"为主题,来自中国、美国等 20 余个国家和地区的 100 余件作品参展。

△美国期刊《临床免疫学杂志》(*Journal of Clinical Immunology*)以"Pathogenic Interleukin-10 Receptor Alpha Variants in Humans — Balancing Natural Selection and Clinical Implications"为题,发表了复旦大学附属儿科医院消化科主任黄瑛教授团队与英国牛津大学约翰·雷德克利夫(John Radcliffe)医院合作,在 IL10RA 基因变异自然选择的研究中取得的新成果。该研究首次着眼于 IL10RA 致病变异意义与发生机制,对于理解 IL10RA 高频突变的产生原因以及 IL-10 信号通路在相关疾病中所起的作用意义重大。

△美国工程院院士,美国亚利桑那州立大学教授布鲁斯·里特曼(Bruce E. Rittmann)通过腾讯会议为上海师范大学师生作题为"Making the MBfR do

More by Depositing Catalytic Nanoparticles"的讲座。

13 日

△国际著名华人数学家、美国加利福尼亚大学圣巴巴拉分校教授张益唐以在线视频方式向同济师生作学术报告,分享他关于朗道-西格尔零点猜想的最新研究发现。

14 日

△美国科学院、工程院、艺术与科学院院士,中国科学院外籍院士,中国政府友谊奖获得者约翰·霍普克罗夫特(John Edward Hopcroft)教授到访上海师范大学,作题为"How to Improve Undergraduate Teaching"的讲座,探讨如何改善本科教育。

16 日

△美国期刊《人类遗传学》(*Human Genetics*)以"耳畸蛋白氮末端和碳末端的反式剪接恢复 Otof 缺陷小鼠的听力(Hearing of Otof-deficient mice restored by trans-splicing of N- and C-terminal otoferlin)"为题,发表了复旦大学附属眼耳鼻喉科医院李华伟、舒易来、王武庆等医生关于听觉障碍治疗的研究成果。该研究不仅为治疗 OTOF 听神经病提供了潜在的临床策略,还为其他基因疗法和蛋白质工程提供了借鉴和参考。

17 日

△2022 上海国际生物医药产业周——创新医疗器械生态峰会在大虹桥营商服务中心举办。美国丹纳赫集团展出 3 款产品,包括曾参展第五届进博会的 Cepheid 便携式快速核酸筛查站、能在 35 秒内通过 65 微升血液实现 17 项重症参数检测的 Radiometer ABL90 FLEX 血气分析仪以及助力提高乳腺癌早期诊断的 Mammotome Revolve EX 麦默通双向真空负压辅助乳腺旋切系统。

△美国期刊《公共科学图书馆-生物学》(*Plos Biology*)以"Human striatal organoids derived from pluripotent stem cells recapitulate striatal development and compartments"为题,发表了复旦大学基础医学院解剖与组织胚胎学系马丽香和生命科学院赛音贺西格联合团队的研究成果。该研究在体外

成功构建了人的纹状体类器官,首次报导了纹状体类器官中隔室样结构 (matrix-striosome compartments)的存在,进一步测试了纹状体类器官的潜在应用。

18 日

△美国期刊《科学》(*Science*)以"人类卵母细胞非中心体纺锤体组装的机制 (The mechanism of acentrosomal spindle assembly in human oocytes)"为题, 发表了复旦大学生物医学研究院王磊、桑庆团队联合复旦大学附属妇产科医院集爱遗传与不育诊疗中心孙晓溪团队揭开人类卵母细胞纺锤体组装之谜的文章。该研究首次发现了人卵母细胞中组装纺锤体微管的全新亚显微结构 huoMTOC,并且阐明了 huoMTOC 调控人类卵母细胞纺锤体组装的独特生理机制,同时揭示了 huoMTOC 异常导致患者卵母细胞成熟障碍,为该疾病的病理机制贡献了新认识。

△美国期刊《科学进展》(*Science Advances*)以"Global fjords as transitory reservoirs of labile organic carbon modulated by organo-mineral interactions" 为题,发表了上海交通大学海洋学院长聘教轨副教授崔行骞关于峡湾有机碳循环的研究成果。该研究以全球 25 个峡湾的 33 个表层沉积物样品为研究对象, 利用热裂解/氧化-14C 分析技术,探究了峡湾沉积有机碳热化学降解的相对活化能,计算了不同热化学活性的有机碳相对占比。研究结果表明,峡湾沉积有机碳中活性组分的占比远高于全球海洋沉积有机碳平均值,而该现象主要受控于峡湾中沉积有机碳的物源和有机质-矿物结合状态两个因素。

18—19 日

△上海纽约大学应用社会经济研究中心(CASER)与美国宾夕法尼亚大学当代中国研究中心(CSCC)合作连线举办以"社会不平等和儿童发展的关系"为主题的学术研讨会。大会汇集了来自全球知名高校的 50 位学者,探究了华人社会儿童发展结果的各个方面,探讨了政策、父母决策、家庭环境、社区环境和教育机构对这些结果的影响。

20 日

△由教育部中华优秀传统文化(顾绣)传承基地、上海师范大学影视传媒学

院及四行天地·文创新岸共同主办的"2022非遗国潮国际学术研讨会"举行。美国纽约电影学院副校长 Joy Zhu 教授在会上表示,上海师范大学影视传媒学院与美国纽约电影学院一直是紧密合作的伙伴,两校在过去的十四年,联合培养了一批具有中国家国情怀、具有一流好莱坞影视技术的学生。她认为,非遗国潮中的动漫是中华优秀传统文化实现创造性转化创新性发展的一种重要方式,是一艘装载着时代审美与先进技术驶向市场海洋的巨轮,是中国青年文化先锋力量。

21 日

△《美国化学会-催化》(*ACS Catalysis*)以"Engineered Imine Reductase for Larotrectinib Intermediate Manufacture"为题,发表了华东理工大学生物反应器工程国家重点实验室许建和教授团队的郑高伟教授与湖北大学郭瑞庭教授合作,在高性能亚胺还原酶的创制与应用方面取得的进展。该研究获得了具有催化性能显著提升的工程化亚胺还原酶,揭示了酶催化性能提高的分子机制,实现了拉罗替尼手性中间体的公斤级制备,推动了亚胺还原酶在制药工业中的应用。

△美国期刊《发育细胞》(*Developmental Cell*)以"Essential role of MESP1-RING1A complex in cardiac differentiation"为题,发表了复旦大学基础医学院孙宁实验室和复旦大学生物医学研究院(IBS)蓝斐实验室关于先天性心脏病致病机制的研究成果。该研究发现转录因子 MESP1 结合表观因子 RING1A 在心脏发育中共同发挥重要作用,同时也为 MESP1,PRC1 和 cohesin 组分突变导致先天性心脏病的机制提供了可能的解释。

22 日

△上海市副市长宗明视频会见了美国丹纳赫集团执行副总裁兼医学诊断全球总裁卫友安(Joakim Weidemanis)一行。宗明感谢丹纳赫集团长期致力于打造一个扎根中国、服务中国的本土化跨国公司,感谢包括丹纳赫在内的所有在沪外资在疫情期间的理解、支持和配合。卫友安说,丹纳赫在中国拥有 8 000 多名员工,40 多个法人实体,上海是丹纳赫集团的中国总部所在地,去年在沪营收超过 30 亿美元。在"创升中国"的战略框架下,集团将上海作为全面本土化战略的核心,不断提升总部能级。未来,丹纳赫将继续在沪追加投资和项目扩建,加强创新与研发,把最优质的产品和服务引入上海。市商务委主任顾军、市经信委副

主任刘平、浦东新区商务委主任林廷钧陪同会见。

△美国期刊《自然化学生物学》(*Nature Chemical Biology*)以"Insights into distinct signaling profiles of the μOR activated by diverse agonists"为题,发表了复旦大学生物医学研究院屈前辉博士联合斯坦福大学分子动力学模拟专家罗恩·德罗尔(Ron Dror)教授及美国华盛顿大学路易斯分校化学合成专家苏斯鲁塔·马宗达尔(Susruta Majumdar)教授的研究成果。该团队研究了多种新型激动剂作用于鸦片受体的机制,有助于研发镇痛效果好且副作用更低的潜在药物。

△美国期刊《物理评论快报》(*Physical Review Letters*)以"Equivalence of Fluctuation-Dissipation and Edwards' Temperature in Cyclically Sheared Granular Systems"为题,发表了上海交通大学物理与天文学院博士生曾志坤关于颗粒物质非平衡态统计物理有效温度的研究成果。该工作对颗粒物质非平衡态统计物理框架有效性的验证,对于建立基于微观过程统计平均而不是纯经验的颗粒宏观连续介质力学,以及改变颗粒物质现有的数值模拟的研究模式,具有非常重要的意义。

△美国期刊《交叉科学》(*iScience*)以"FTO promotes innate immunity by controlling NOD1 expression via m6A－YTHDF2 manner in teleost"为题,发表了上海海洋大学徐田军教授团队在 m6A 甲基化对鱼类先天免疫机制的调控研究方面取得的新进展。该研究工作首次阐述了 m6A 修饰在鱼类先天免疫过程中的分子调控机制,研究结果为开展鱼类的疾病防控和免疫防治奠定了基础。

23 日

△美国期刊《国际环境》(*Environment International*)以"Association of residential greenness with incident chronic obstructive pulmonary disease: a prospective cohort study in the UK Biobank"为题,在线发表了复旦大学公共卫生学院阚海东教授、陈仁杰教授课题组关于居住区绿地环境对人群健康促进因素的研究成果。该研究评估了绿地环境对慢性阻塞性肺疾病(COPD)发病风险的影响以及空气污染、体育活动在其中可能的中介效应,揭示了居住区绿地环境可降低慢阻肺发病风险,进一步加强了绿地环境对呼吸系统健康有益效应的证据基础,表明城市绿色空间作为公共卫生资源的潜力,并为促进健康城市环境规划提供定量参考依据。

△美国期刊《先进能源材料》(*Advanced Energy Materials*)以"Constructing a Stable and Efficient Buried Heterojunction via Halogen Bonding for Inverted Perovskite Solar Cells"为题,发表了上海交通大学王言博、韩礼元教授关于钙钛矿太阳电池稳定性的最新进展。该项成果为钙钛矿太阳电池稳定异质结的构筑提供了新的思路,对于推进钙钛矿太阳电池稳定性发展具有重要意义。

25 日

△美资企业英威达尼龙化工(中国)有限公司年产能 40 万吨己二腈生产基地在上海化学工业区落成,全面投产后,将支持 80 万吨尼龙 66 生产。这是英威达有史以来全球最大的投资项目,总投资额超 70 亿元。同时英威达还将进一步强化尼龙 66 本地化生产,由此,上海将拥有最完整的尼龙 66 产业链和全球最大的尼龙 66 综合生产基地。

△2022 全球数商大会在上海世博中心隆重开幕。上海数据交易所在本次大会上与亚马逊云科技、邓白氏集团等企业签署《国际数商企业战略备忘》,加快与国际顶尖机构共研数据发展、共探数据交易、共建数商生态,提高上海数据要素资源全球配置能力。

△上海国际生物医药产业周——"2022 中国生物医药产业创新大会"在上海宝山美兰湖国际会议中心举行。大会邀请了 2013 年诺贝尔化学奖获得者、美国国家科学院院士迈克尔·莱维特(Michael Levitt),中科院院士陈凯先、邓子新、赵国屏、葛均波,中国工程院院士闻玉梅等知名专家学者共同出席见证,莱维特通过视频远程致辞。大会以"全球链接,产业慧聚"为主题,以打造北上海生物医药产业园为核心,重点围绕医药产业如何从"中国新"到"全球新",中国生物医药产业如何参与全球生命科技竞争,宝山如何加速打造世界级生物医药产业集群等主题和目标建言献策。

29 日

△《美国化学会志》(*JACS*)以"Nano-Biohybrid DNA Engager That Reprograms the T-Cell Receptor"为题,发表了华东理工大学生物反应器工程国家重点实验室叶邦策教授课题组在 DNA 纳米系统的设计及生物医学应用研究中取得的突破性进展。该研究创新性地利用 DNA 纳米衔接装置改造 T 细胞表面天然受体,实现了对肿瘤抗原的特异性识别,规避了基因工程手段的潜在风

险,改善了 T 细胞疗法适用性、安全性和有效性。

30 日

△国际著名华人数学家张益唐教授以线上视频的形式为东华大学师生作题为"关于朗道-西格尔零点猜想"的学术报告,海内外共近 1 600 余学者与会。

△"2022 年上海市外商投资企业百强发布会"在沪举行,会上公布了 2021 年度上海市外商投资企业百强榜单。2021 年度,共计 253 家外商投资企业入围上海市外商投资企业营业收入、进出口总额、纳税贡献、创造就业四项百强榜单。从投资者国别/地区分布来看,来自美国的企业居首位,共有 70 家。

2022 年度大事记
12 月

1 日

△《美国化学会－应用材料与界面》(*ACS Appl. Mater. Interfaces*)以 "Machine-Learning-Assisted Design of Highly Tough Thermosetting Polymers"为题,发表了华东理工大学林嘉平教授团队在高性能环氧树脂的设计方法上取得的突破。该研究利用高分子"AlphaFold"解决了环氧树脂脆性大难题。

△《美国医学会杂志－网络开放获取》(*JAMA Network Open*)以 "Effectiveness of Tuina Therapy Combined With Yijinjing Exercise in the Treatment of Nonspecific Chronic Neck Pain:A Randomized Clinical Trial" 为题,发表了上海中医药大学房敏和姚斐教授课题组在中医推拿领域的研究成果。该研究为中医推拿手法结合易筋经功法治疗非特异性颈痛的有效性及安全性提供了有力证据,为中医非药物疗法国际化推广应用提供支撑。

2 日

△上海市商务委员会副主任诸旖会见上海美国商界会长郑艺一行。诸旖表示,中美两国经济深度融合,今年前三季度上海与美国进出口贸易总值与上海新增美国实际投资均保持增长,新设美资企业 200 多家。上海也是中美省州合作机制的积极践行者,第五届进博会吸引了众多美资企业参展参会,进博会已经成为中国构建新发展格局的窗口、推动高水平开放的平台、全球共享的国际公共产品。市商务委愿与上海美国商界围绕下一届进博会的举办加强合作与沟通。在2022 上海城市推介大会上,上海市最新发布了修订后的《上海市鼓励跨国公司设立地区总部的规定》,上海市商务委员会也将一如既往做好企业服务。郑艺对市商务委在疫情期间建立专班,给予广大美资企业的支持与协助表示感谢。上海美国商界近期发布的《2022 中国商业报告》反映了上海美国商界会员企业的

经营表现、未来预期、发展信心及普遍关切。报告显示,众多会员企业的经营在 2021 年仍有显著提升,并相较 2020 年有更多企业实现营收和利润增长,为中美经贸关系的发展提供了参考。希望在双方的共同努力下,中美经贸交流合作继续健康发展。

5 日

△美国期刊《先进材料》(*Advanced Materials*)以 "Orbital hybridization-driven charge density wave transition in CsV3Sb5 Kagome superconductor" 为题,发表了上海大学理学院上海市高温超导重点实验室的国家级青年人才尹鑫茂教授等及合作者在 Kagome 超导体领域的研究成果。该团队从轨道耦合的角度对 CDW 量子相变过程进行了创新性探讨,为其他非常规量子态的轨道起源提供了新的探索性见解,同时也为进一步揭开超导态与其他有序态之间的竞争及互补机制提供了新契机。

6 日

△美国期刊《地球化学与宇宙化学学报》(*Geochimica et Cosmochimica Acta*)以 "Coherent tracer correlations in deep-sea corals and implications for biomineralization mechanisms underlying vital effects" 为题,发表了上海交通大学海洋学院长聘教轨副教授陈桑关于深海珊瑚碳氧同位素与微量元素"生命效应"机理的研究文章。该研究揭示了深海珊瑚骨骼中碳氧同位素与微量元素的变异性与相关性,及其背后的生物矿化过程与机理。

△《美国科学院院报 – 联合》(*PNAS Nexus*)以 "Acylation driven by intracellular metabolites inhost cells inhibits Cas9 activity used for genome editing" 为题,发表了华东理工大学生物工程学院和生物反应器工程国家重点实验室叶邦策教授团队在蛋白质酰基化修饰及 CRISPR 基因编辑效率改进领域取得的新进展。该研究揭示了蛋白质酰基化抑制宿主细胞内基因组编辑元件 Cas9 活性的分子机制。

△美国期刊《分析化学》(*Analytical Chemistry*)以 "Analysis of the Amine Submetabolome Using Novel Isotope-Coded Pyrylium Salt Derivatization and LC-MS: Herbs and Cancer Tissues as Cases" 为题,发表了上海中医药大学创新中药研究院冯陈国团队在中药及临床样品中内源性胺类化合物的分析难题方面

取得的研究进展。该研究团队设计并合成了一种全新的吡喃鎓盐 6,7 - 二甲氧基 - 3 - 甲基异铬苯基四氟硼酸盐([d0] - DMMIC)及其稳定同位素标记试剂,成功应用于中药千里光中的生物胺以及食管鳞状细胞癌的癌症/癌旁组织中胺类代谢物的分析。

美国当地时间 6—10 日

△第 45 届美国圣安东尼奥乳腺癌大会在美国举行。由复旦大学附属肿瘤医院乳腺外科主任邵志敏教授、江一舟教授领衔开展的一项三阴性乳腺癌基础转化研究入选大会的主题报告,这是 2022 年中国大陆地区唯一一个全体大会主题报告。葛丽萍博士荣获 2022 年美国圣安东尼奥乳腺癌大会颁发的"基础科学学者奖"。除了大会主题报告之外,邵志敏教授带领的乳腺外科团队还有四项研究入选焦点壁报讨论,分别是:乳腺外科副主任柳光宇教授和邬思雨博士的研究提出乳腺病灶的重复空芯针穿刺联合腋窝标记淋巴结的靶向细针穿刺,有助于精准筛选适合新辅助化疗后腋窝降阶梯手术的目标人群;黄亮教授负责的 PEONY 研究首次证实了亚洲 HER2 阳性早期或局部晚期乳腺癌,从新辅到辅助,接受双靶(曲妥珠单抗联合帕妥珠单抗)治疗的生存获益和安全性;吴松阳博士的研究通过单细胞测序及多维度数据,系统性解析了乳腺癌树突状细胞的异质性及其与免疫治疗疗效的关联;马丁、戴磊杰博士的研究聚焦 HER2 低表达乳腺癌,通过超过 440 例 HER2 低表达肿瘤的多组学提出分析,未来 HER2 低表达诊治中需考虑激素受体状态、分子分型及东西方人种等因素。

7 日

△《美国科学院院报》(PNAS)以 "Deoxygenative Haloboration and Enantioselective Chloroboration of Carbonyls"为题,在线发表了同济大学化学科学与工程学院徐涛教授课题组发展羰基脱氧卤硼化反应新方法的研究成果。该课题组发展了一种全新的羰基脱氧卤硼化反应,为制备三取代、四取代 α - 卤代硼酸酯和手性氯代硼酸酯提供了一种非常温和、简便的方法。也为快速构建复杂分子带来了更多机会。

8 日

△2022 年"白玉兰荣誉奖"颁授仪式在上海市政府举行。6 位美籍人士获

"白玉兰荣誉奖",分别是:上海市质子重离子医院首席物理师、放射物理科主任麦克·法利·莫耶,上海思博职业技术学院董事副校长、教授沈小平,旧金山湾区委员会总裁兼首席执行官吉姆·旺德曼,博世(中国)投资有限公司执行副总裁徐大全,中国科学院上海药物研究所药物靶标结构与功能中心主任徐华强,杜邦公司亚太区总裁兼全球副总裁张毅。上海市市长龚正向获奖者颁发了奖章、证书。

△"双碳"战略与绿色发展——2022 年上海公共关系国际论坛在上海金融信息中心举行。论坛由上海市公共关系协会、复旦大学、上海交通大学、同济大学联合主办。上海市委常委、常务副市长吴清,市委常委、统战部部长陈通,市人大常委会副主任肖贵玉,市政协副主席黄震,市公共关系协会会长沙海林、名誉会长胡炜,复旦大学党委书记焦扬,同济大学党委书记方守恩,上海交通大学党委常务副书记顾锋等相关领导、驻沪总领事、专家、企业家出席。吴清现场致辞。沙海林主持开幕式。中欧美全球倡议发起人、中欧论坛创始人高大伟,中国科学院院士、上海市公共关系协会副会长、上海交通大学教授、中国企业发展研究院院长余明阳等专家分别做主旨演讲,他们从政策解读、经济分析、路径探索、城市赋能等不同角度,对"双碳"战略与绿色发展进行了多维度的思考。

△美国期刊《物理评论快报》(*Physical Review Letters*)以"Observation of a Strongly Isospin-Mixed Doublet in ^{26}Si via β-Delayed Two-Proton Decay of ^{26}P"为题,发表了中国科学院近代物理研究所、中国原子能科学研究院、上海交通大学等 23 家国内外单位的科研人员合作的研究成果。科研人员构建硅探测器阵列配合高纯锗探测器在兰州重离子加速器次级束流线 HIRFL-RIBLL1 上开展了质子滴线核 T=2 ^{26}P 衰变性质的高精度测量,首次确定了 β 延迟双质子发射为级联衰变模式,首次观测到 ^{26}SiT=2 同位旋相似态 13 055 keV 附近的两个 T=1 激发态 11 912 keV 和 13 380 keV。该实验结果对于现有理论模型提出强有力挑战,将推动核力相关理论的发展。

9 日

△美国期刊《科学》(*Science*)以"Giant electric-field-induced strain in lead-free piezoceramics"为题,发表了上海交通大学材料科学与工程学院、金属基复合材料国家重点实验室郭益平教授课题组联合中科院上海硅酸盐研究所、澳大利亚伍伦贡大学在无铅压电陶瓷材料领域取得的重大突破。该研究发现,通过引入缺陷偶极子并调控相结构和铁电畴结构,在 Sr^{2+} 掺杂的(K, Na)NbO3

（KNN）无铅压电陶瓷中获得了超高的应变（1.05%）和逆压电系数（d33 ＊ ～ 2 100 pm/V），同时该研究策略赋予压电陶瓷具有低的驱动电场、优越的温度稳定性和抗疲劳特性及低的滞后性，为取代商用 PZT 铅基陶瓷铺平了道路，在微电子机械系统（MEMS）、超精密加工、集成电路制造、精密光学仪器、生物工程、医疗科学等领域具有广阔的应用前景。

11 日

△上海交通大学-耶鲁大学第五届全球公共卫生政策论坛在上海举行。会议采取线上线下相结合的方式。会议开幕式由上海交通大学国际与公共事务学院院长吴建南主持，上海交通大学党委副书记周承、上海申康医院发展中心党委书记赵丹丹分别致欢迎辞。在主旨演讲环节，美国国家医学科学院院士、耶鲁大学讲席教授 Paul Cleary，中国工程院院士、上海交通大学讲席教授贾伟平与耶鲁大学公共卫生学院讲席教授、统计学和数据科学教授赵宏宇三位学者从各自领域剖析对"大数据与公共卫生政策"的深刻见解。在圆桌论坛，各位专家聚焦"大数据、信息化与医院管理"展开探讨与分享，就"大数据、信息化与公共卫生防控"这一主题进行深入交流。

12 日

△2022—2023 年度国家科技部"高端外国专家引进计划"："美国南加州大学-上海大学智媒传播高端课程、讲座与工作坊项目"举行首场活动。项目首席外国专家、美国南加州大学安能伯格新闻与传播学院的新闻、传播、电影和教育讲席教授 Henry Jenkins 以"Comics and Stuff：Everyday Life，Material Culture，and Graphic Representation"为题在云端和上海大学新闻传播学院、上海电影学院以及兄弟院校的 80 余名师生分享了其最新的媒介与文化研究成果。

13 日

△国际人类表型组研究协作组（IHPC）第四次理事会在线召开。来自 14 个国家的 30 余位协作组理事和多位表型组学领域的一流科学家出席会议，就下一步加快推进人类表型组国际大科学的重要事项展开国际协商和深入探讨。国际协作组的三位共同发起人——美国系统生物学研究所、表型组健康组织胡德（Leroy Hood）院士，澳大利亚莫道克大学国家表型组学中心尼克尔森（Jeremy

Nicolson)院士和中国复旦大学、上海国际人类表型组研究院金力院士分别就一年来人类表型组大科学计划所取得的各方面进展做主旨汇报。

△美国康奈尔医学院助理教授郭春君通过腾讯会议为华东理工大学师生作题为"Using genetics to explore microbe-host interactions at the molecular level"的讲座。

14 日

△中共中央政治局委员、上海市委书记陈吉宁与美国雅诗兰黛集团全球总裁兼首席执行官傅懿德举行视频连线。陈吉宁表示,雅诗兰黛集团是全球化妆品行业的头部企业,与上海建设国际消费中心城市的目标、发展时尚消费产业的定位十分契合,与城市数字化转型、绿色低碳转型的理念高度一致。欢迎雅诗兰黛集团把握中国市场消费升级机遇,用好进博平台,进一步提升总部能级、加大科技投入,把更多全球新品、创新业务放在上海。上海将一如既往营造市场化、法治化、国际化一流营商环境,为各类中外企业在沪发展提供更好服务。傅懿德表示,得益于上海各级政府支持,雅诗兰黛在沪近 30 年来不断取得新进步,与中国诸多企业结成合作伙伴。对中国市场充满信心,将致力于在中国、为中国,在中国、为世界,持续加大在沪投资、积极拓展业务布局,为上海国际消费中心城市建设作出更大贡献。市领导诸葛宇杰参加。

△美国期刊《化学催化》(Chem Catalysis)以"Dioxetane and Lactone Pathways in Dioxygenolytic Ring Cleavage Catalyzed by 2,5 – Dihydroxypyridine Dioxygenase"为题,发表了上海交通大学生命科学技术学院、微生物代谢国家重点实验室唐鸿志教授课题组和赵一雷教授课题组关于非血红素铁双加氧酶 NicX 的催化机理的研究成果。该研究阐明了非血红素铁双加氧酶 NicX 的催化机理。

15 日

△"雅诗兰黛中国创新研发中心"在上海揭幕,宣告雅诗兰黛集团国际市场中规模最大的创新研发中心投入使用。这个研发中心是由原"雅诗兰黛亚太研发中心"升级而来,将主导亚太地区诸多知名品牌和多个品类的研发,成为雅诗兰黛集团创新、专利及领先技术的全球"发动机"之一。

△美国哥伦比亚大学工程学院为同济大学开设的硕博专场宣讲会在线上举

办,同济大学 50 余名硕士生和博士生参与。哥伦比亚大学研究生招生办公室执行主任加布里埃尔·甘农(Gabrielle Gannon)及国际学生事务助理主任张一炜,介绍了哥大及其工程学院的历史、研究中心、校友、学术项目、课程计划和校园生活的基本概况,以及对哥大的招生政策、选拔要求、申请流程、注意事项等也做了详细的阐述。

△美国科学促进会(AAAS)与中国科学院西安光机所合作创办的期刊《超快科学》(*Ultrafast Science*)以"用于制作 90 纳米超衍射极限精度石墨烯图案的双光束超快激光直写技术(Two-beam ultrafast laser scribing of graphene patterns with 90 nm sub-diffraction feature size)"为题,发表了上海理工大学光子芯片研究院陈希教授关于新型激光光刻技术的研究成果。该团队研发了一种新型的激光光刻技术,用于制造超精细的石墨烯图案,从而打破了碳基光刻技术向纳米尺度发展的衍射极限障碍,为新一代微纳米碳基电路的制造提供基础技术支撑。

17 日

△上海博物馆在本馆举办"博物馆的力量:赋能城市未来——国际博物馆馆长对话"活动。作为上海博物馆 70 周年馆庆活动之一,活动围绕"博物馆与城市互利共生""博物馆助推城市软实力建设"等主题,邀请国内外主要文博机构嘉宾进行主旨发言和对话交流。其中,美国大都会艺术博物馆馆长马克斯·霍莱因(Max Hollein)以提前录制发言视频现场播放的方式参与。

18 日

△2022 年上海市"白玉兰纪念奖"颁授仪式在沪举行。19 位美籍人士获此殊荣,分别是:上海迪士尼度假区运营部高级副总裁包兆天,福特汽车(中国)有限公司总裁兼首席执行官陈安宁,上海思路迪生物医学科技有限公司首席技术官陈才夫,上海纽约大学商学部主任陈宇新,凯悦酒店集团大中华区区域副总裁夏浩强,中欧国际工商学院院长(欧方)迪帕克·杰恩,万豪国际集团大中华区总裁李雨生,通用电气医疗系统贸易发展(上海)有限公司首席财务官、副总裁李克,巴斯夫大中华区董事长兼总裁楼剑锋,上海云砺信息科技有限公司联合创始人罗兰,弗吉尼亚大学中国代表处首席代表欧君廷,直观复星医疗器械技术(上海)有限公司首席执行官潘小峰,上海联影医疗科技股份有限公司总裁谭国陞,

上海科技大学终极能源中心首席科学家赵永正,麦肯锡全球资深董事合伙人华强森,伍德佳帕塔设计咨询(上海)有限公司董事长本杰明,奥升德功能材料(上海)有限公司全球高级副总裁吴贤亮,中国科学院上海药物研究所冷冻电镜技术中心首席技术专家余学奎,上海联影智能医疗科技有限公司联合创始人、联席首席执行官周翔。上海市人民政府外事办公室主任张小松等向获奖者颁发了奖章和证书。上海市人民政府外事办公室同时邀请了有关政府部门、企业和媒体等百余位代表共同见证"白玉兰纪念奖"颁授仪式。

20 日

△《美国科学院院报》(*PNAS*)以"Dissipative coupling-induced phonon lasing"为题,发表了华东师范大学精密光谱科学与技术国家重点实验室武海斌教授团队的研究成果。该团队首次实现了纯耗散耦合诱导的声子激光,对研究基于非厄米的微纳体系的非平衡热力学和精密测量有重要意义。

21 日

△美国期刊《科学·机器人学》(*Science Robotics*)以"Mechano-fluorescence actuation in single synaptic vesicles with a DNA framework nanomachine"为题,发表了上海交通大学樊春海、左小磊团队在框架核酸分子机器研究中取得的重要进展。该研究团队提出了基于四面体框架核酸的机械形变诱发荧光变色的新原理,研制出了一种模仿章鱼的框架核酸动态变构分子机器,为生物纳米机器人的设计提供了一种具有潜力的解决方案。

24 日

△美国期刊《科学进展》(*Science Advances*)以"Cryo-EM structure of the human adenosine A2Breceptor-Gs signaling complex"为题,发表了华东师范大学生命科学学院宋高洁实验室联合上海科技大学华甜团队的研究成果。该团队首次解析出了激活态腺苷受体 $A_{2B}R$ 与 G_s 异源三聚体蛋白复合物的冷冻电镜结构。

26 日

△特斯拉中国大陆第一万个超级充电桩落户上海,标志着其自有充电网络

建设迈入新阶段。特斯拉已在中国大陆建设开放超过 1 500 座超级充电站、1 万个超级充电桩以及 700 多座目的地充电站、1 900 多个目的地充电桩,还为数十万特斯拉车主安装专属私人充电桩。

△美国期刊《医学磁共振》(*Magnetic Resonance in Medicine*)以"Distinguishing glutamate and glutamine in in vivo 1H MRS based on nuclear spin singlet order filtering"为题,发表了华东师范大学物理与电子科学学院、上海市磁共振重点实验室姚叶锋、魏达秀团队联合华山医院任彦教授团队、长海医院张火俊团队、西门子医疗关于磁共振分子成像技术的研究成果。该研究报导了一种新型的、可对人体内生化分子进行靶向性观测的磁共振方法,并首次实现了对人脑内重要代谢分子谷氨酸(Glutamate, Glu)和谷氨酰胺(Glutamine, Gln)的分子靶向检测。该技术可在现有 3T 医学成像仪上轻松实现,有望为人脑神经递质分子精准检测和脑类疾病精准诊断提供一种有效的分子成像技术。

27 日

△《美国科学院院报》(*PNAS*)以"In situ turning defects of exfoliated Ti3C2 MXene into Fenton-like catalytic active sites"为题,在线发表了同济大学环境科学与工程学院林思劼团队关于钛基纳米团簇类芬顿催化助力新污染物治理的研究新进展。该研究提出了一种巧妙利用 MXene 本征表面缺陷和丰富过渡金属源原位构筑类芬顿纳米复合催化剂的新策略,为内分泌干扰物和抗生素类新污染物的高效治理提供了新策略;拓宽了 MXene 家族材料的环境应用潜力,在高活性催化纳米团簇原位合成的同时实现了纳米团簇在碳基板上的复合锚定,有效降低了使用过程中因材料泄漏所带来的潜在环境风险。

△美国期刊《细胞宿主与微生物》(*Cell Host & Microbe*)以"Biomarker-responsive engineered probiotic diagnoses, record, and ameliorate inflammatory bowel disease in mice"为题,发表了华东理工大学生物工程学院、生物反应器国家重点实验室叶邦策教授团队关于智能工程菌与在体诊疗新技术研究成果。该研究报道了基于合成生物学的智能工程菌设计及炎症性肠病诊疗一体化新策略,可实现在体无创实时监测和记录炎症性肠病的发生、发展,并以自调控的给药模式缓解病症。为设计和定制用于疾病诊疗一体化的智能工程菌提供了新颖的策略和概念验证。

△《美国科学院院报》（*PNAS*）以 "Atf7ip and Setdb1 interaction orchestrates the hematopoietic stem and progenitor cell state with diverse lineage differentiation" 为题，发表了华东师范大学生命科学学院钟涛教授团队关于造血干细胞相关细胞分子机制及关键因子的研究成果。该研究揭示了 ATF7IP/SETDB1 介导的 H3K9me3 沉积和染色质重塑在控制造血干细胞扩增与多种血细胞分化中的一个重要调控机制，为人类血液疾病的干预提供了新思路和新策略。

28 日

△《美国科学院院刊》（*PNAS*）以 "Bone marrow-derived IGF–1 orchestrates maintenance and regeneration of the adult skeleton" 为题，发表了同济大学生命科学与技术学院、附属东方医院再生医学研究所岳锐课题组关于骨髓来源 IGF-1 调控成体骨骼维持与损伤修复的新进展。该研究系统探索了 BMSCs 和 MKs/PLTs 来源 IGF-1 对成体骨骼稳态维持和损伤修复的调控作用。该成果不仅强调了骨髓来源 IGF-1 对成体骨骼维持和再生至关重要，而且发现了一种骨骼与血液系统对话的新型分子机制，并为促骨骼修复的血液制品优化与应用奠定了理论基础。

本月

△ "乒乓传友情，国际友人再聚首" 活动在沪举行。活动由上海市人民对外友好协会、上海体育学院、中国乒乓球学院作为指导单位，国际乒乓球联合会博物馆和中国乒乓球博物馆主办，上海外商投资协会、上海美国商会大力支持。包括弗吉尼亚大学中国代表处首席代表欧君廷（Justin O'Jack）在内的 8 位外国友人与中国选手搭档，分两个小组先后进行小组赛，半决赛和决赛。其中好几位外国友人曾于 2021 年参加过市友协、市体育总会、上海体育学院和上海美国问题研究所联合主办的上海纪念中美乒乓外交 50 周年系列活动，那次比赛让他们感受到乒乓的魅力，并开始更多地参与这项运动。

附　录

附录一　入选 2021 年度上海市外商投资
企业百强榜单的美资企业/美资入股企业

2022 年 11 月 30 日,上海市外商投资协会举办"上海市外商投资企业百强发布会"。会上发布了 2021 年度上海外资百强企业榜单。

上海的外资百强企业榜单共有四个"百强",分别为营业收入、进出口总额、纳税总额和吸收就业人数。现将榜单中的美资企业以及美资入股的企业进行梳理,形成以下表格。

入选 2021 年度上海市外商投资营业收入
百强榜单的美资企业/美资入股企业

企 业 名 称
苹果电脑贸易(上海)有限公司
上汽通用汽车销售有限公司
上汽通用汽车有限公司
特斯拉(上海)有限公司
友邦人寿保险有限公司
宝洁(中国)营销有限公司
嘉吉投资(中国)有限公司
邦吉(上海)管理有限公司
雅诗兰黛(上海)商贸有限公司

续 表

企 业 名 称
耐克商业(中国)有限公司
惠普贸易(上海)有限公司
必胜(上海)食品有限公司
强生(上海)医疗器材有限公司
中美联泰大都会人寿保险有限公司
英迈电子商贸(上海)有限公司
泰科电子(上海)有限公司
通用电气医疗系统贸易发展(上海)有限公司
特斯拉汽车销售服务(上海)有限公司
苹果贸易(上海)有限公司
埃克森美孚化工商务(上海)有限公司
雅培贸易(上海)有限公司
上海星巴克咖啡经营有限公司
上汽通用汽车金融有限责任公司

入选 2021 年度上海市外商投资企业进出口总额
百强榜单的美资企业/美资入股企业

企 业 名 称
英特尔贸易(上海)有限公司
特斯拉(上海)有限公司
晟碟半导体(上海)有限公司
安靠封装测试(上海)有限公司
嘉吉投资(中国)有限公司
金士顿科技(上海)有限公司
邦吉(上海)管理有限公司
通用电气药业(上海)有限公司

续　表

企 业 名 称
瞻航物流(上海)有限公司
强生(上海)医疗器材有限公司
埃克森美孚化工商务(上海)有限公司
上汽通用汽车有限公司
泰科电子(上海)有限公司
明尼苏达矿业制造(上海)国际贸易有限公司
美敦力(上海)管理有限公司
柯惠医疗器材国际贸易(上海)有限公司
百佑佳食品贸易(上海)有限公司
安捷伦科技贸易(上海)有限公司
卡特彼勒(上海)贸易有限公司
捷普科技(上海)有限公司
捷敏电子(上海)有限公司
英潍捷基(上海)贸易有限公司
安波福中央电气(上海)有限公司
杜邦贸易(上海)有限公司
德州仪器(上海)有限公司
陶氏化学(上海)有限公司

入选 2021 年度上海市外商投资企业纳税总额

百强榜单的美资企业/美资入股企业

企 业 名 称
上汽通用汽车有限公司
上汽通用汽车销售有限公司
苹果电脑贸易(上海)有限公司
雅诗兰黛(上海)商贸有限公司

企 业 名 称
可口可乐饮料(上海)有限公司
友邦人寿保险有限公司
上汽通用汽车金融有限责任公司
宝洁(中国)营销有限公司
埃克森美孚化工商务(上海)有限公司
强生(上海)医疗器材有限公司
福特汽车(中国)有限公司
泰科电子(上海)有限公司
美乐家(中国)日用品有限公司
百胜咨询(上海)有限公司
亿滋食品企业管理(上海)有限公司
苹果采购运营管理(上海)有限公司
特斯拉(上海)有限公司
花旗银行(中国)有限公司
碧迪医疗器械(上海)有限公司
英潍捷基(上海)贸易有限公司
雅培贸易(上海)有限公司
百佑佳食品贸易(上海)有限公司
如新(中国)日用保健品有限公司
上海星巴克咖啡经营有限公司
国际商业机器(中国)有限公司
科勒(中国)投资有限公司
明尼苏达矿业制造(上海)国际贸易有限公司
耐克商业(中国)有限公司
苹果贸易(上海)有限公司
埃克森美孚(中国)投资有限公司

入选 2021 年度上海市外商投资企业吸收就业人数
百强榜单的美资企业/美资入股企业

企 业 名 称
特斯拉(上海)有限公司
雅诗兰黛(上海)商贸有限公司
上海国际主题乐园有限公司
耐克商业(中国)有限公司
上海星巴克咖啡经营有限公司
上汽通用汽车有限公司
强生(上海)医疗器材有限公司
安靠封装测试(上海)有限公司
上海肯德基有限公司
默沙东(中国)投资有限公司
上海达美乐比萨有限公司
花旗金融信息服务(中国)有限公司
百事食品(中国)有限公司
通用电气医疗系统贸易发展(上海)有限公司
泛亚汽车技术中心有限公司
赛默飞世尔科技(中国)有限公司
花旗银行(中国)有限公司
捷普科技(上海)有限公司
汉堡王(上海)餐饮有限公司
上海必胜客有限公司
美敦力(上海)管理有限公司
晟碟半导体(上海)有限公司
英特尔亚太研发有限公司
上海适达餐饮管理有限公司
雅培贸易(上海)有限公司

续　表

企 业 名 称
3M 中国有限公司
超威半导体(上海)有限公司
约克(中国)商贸有限公司
亿滋食品企业管理(上海)有限公司
国际商业机器(中国)有限公司

附录二 第五届中国国际进口博览会美国参展商一览表

汽 车 展 区

序号	企业名称	官方网址/联系方式
1	通用汽车/General Motors	www.gm.com
2	福特/FORD	www.ford.com
3	特斯拉/Tesla	www.tesla.cn

技术装备展区

序号	企业名称	官方网址/联系方式
1	英特尔/Intel	www.intel.cn
2	高通/Qualcomm Technologies, Inc.	www.qualcomm.cn
3	赛莱默/Xylem	www.xylem.com
4	雷帝/LATICRETE	www.laticrete.com.cn
5	科勒/Kohler	www.kohlerpower.com
6	Bay Area Council	www.bayareacouncil.org
7	Abacus Business Capital, Inc	www.abacuscapitalgroup.com
8	戴尔/Dell	www.dell.com
9	美国谷物协会/U.S. GRAINS COUNCIL	grains.org
10	微软/Microsoft	www.microsoft.com
11	英格索兰/Ingersoll Rand	www.irco.com
12	科磊/KLA Corporation	www.kla.com
13	罗克韦尔自动化/ Rockwell Automation	www.rockwellautomation.com.cn
14	迪尔公司/Deere & Company	www.deere.com

序号	企业名称	官方网址/联系方式
15	切尼尔能源/Cheniere Energy	www. cheniere. com
16	陶氏化学/Dow	www. dow. com/zh-cn
17	福迪威/Fortive	www. fortive. com
18	通用电气/GE	www. ge. com
19	英格索兰/Ingersoll Rand	www. irco. com
20	国际半导体产业协会/SEMI	www. semi. org. cn/site/semi/
21	霍尼韦尔/Honeywell	www. honeywell. com
22	德州仪器/Texas Instruments Incorporated	www. ti. com. cn
23	江森自控/Johnson Controls	www. johnsoncontrols. com
24	杜邦/DuPont	www. dupont. com
25	贝克休斯/Baker Hughes	www. bakerhughes. com
26	3M	www. 3M. com
27	艾默生/Emerson	www. emerson. com
28	卡特彼勒/Caterpillar	www. caterpillar. com
29	埃森哲/Accenture	www. accenture. cn
30	约翰迪尔/John Deer	www. deere. com. cn
31	泛林集团/Lam Research	www. lamresearch. com
32	空气产品公司/Air Products	www. airproducts. com. cn
33	奥的斯/Otis Elevator Company	www. otis. com
34	德州仪器/Texas Instruments Incorporated	www. ti. com. cn
35	康菲公司/ConocoPhillips	www. conocophillips. com. cn
36	优美缔/Unity Technologies ApS	unity. cn
37	清越科技/PeroPure	www. peropure. cn
38	META	

续　表

序号	企业名称	官方网址/联系方式
39	柘科/Zeeco	www. zeeco. com
40	超微半导体/Advanced Micro Devices, Inc.	www. amd. com
41	必布奇自动化设备有限公司/Bibliotheca	www. bibliotheca. com
42	美国柔橡创新科技有限公司/Botoak INC.	/
43	创博翻译/TransPerfect	www. transperfect. com
44	Entegris	www. entegris. com
45	非夕/Flexiv	www. flexiv. cn
46	Rubi Laboratories	www. rubi. earth

食品及农产品展区

序号	企业名称	官方网址/联系方式
1	美国大豆出口协会/USSEC	www. ussecinchina. com
2	美国谷物协会/U.S. GRAINS COUNCIL	grains. org
3	艾地盟/ADM	www. adm. com
4	邦吉公司/Bunge Limited	www. bunge. com
5	都乐/Dole	www. dole. cn
6	嘉吉/Cargill	www. cargill. com. cn
7	泰森/Tyson Foods Inc.	tyson. com. cn
8	亿滋国际/Mondelēz International	www. mondelezinternational. com
9	CLB MANAGEMENT INC.	clb-management. com
10	科迪华农业科技/Corteva Agriscience	www. corteva. cn
11	美国爱达荷州政府	/
12	EnviroLogix Inc	www. envirologix. com
13	BeBi USA, LLC	www. bebi-baby. com

续　表

序号	企业名称	官方网址/联系方式
14	CATALO 家得路	www.catalo.com
15	Potatoes USA	potatoesusa.com

医疗器械与医药保健展区

序号	企业名称	官方网址/联系方式
1	CSBio Co.	www.csbio.com
2	登士柏西诺德/Dentsply Sirona	www.dentsplysirona.com
3	百特医疗/Baxter International Inc.	www.baxter.com
4	因美纳/ILLUMINA	www.illumina.com.cn
5	金地洋参(美国)有限公司/GOLDEN LAND GINSENG (USA) INC.	www.glginseng.com
6	美国新科技公司/NuScience	www.cellfoodusa.com
7	赛默飞世尔科技/Thermo Fisher Scientific	www.thermofisher.com
8	波士顿科学 / Boston Scientific	www.bostonscientific.cn
9	美国康健科技/HEALTHY AIR TECHNOLOGY LLC	www.healthyairtech.com
10	通用医疗/GE Healthcare	www.gehealthcare.com
11	赛诺龙/Candela Corporation	www.candelacorp.com
12	瑞普斯制药有限责任公司/Reaps Pharma	www.szreaps.com
13	安捷伦科技/Agilent Technologies	www.agilent.com.cn
14	百时美施贵宝/Bristol-Myers Squibb	www.bms.com
15	默沙东/Merck & Co., Inc.	www.msd.com
16	强生/Johnson & Johnson	www.jnj.com
17	美国环球制药公司/Globaltech Pharmaceuticals INC	www.globaltechpharm.com

续　表

序号	企业名称	官方网址/联系方式
18	康宝莱/Herbalife Nutrition	www. herbalife. cn
19	辉瑞/Pfizer	www.pfizer.com
20	爱司盟/ESMOND NATURAL	esmondnatural.com
21	美国穆拉德集团/Murad Group	www.murad.com
22	G21 BIOSCIENCE CO.	www.encusa.com
23	爱琅医疗/Argon Medical Devices	www.argonmedical.com
24	美国盐湖矿物公司/SALT LAKE MINERALS LLC	/
25	沃特世/Waters Corporation	www. waters. com/nextgen/cn/zh. html
26	瓦里安医疗/Varian Medical Systems	www. varian.com
27	美宝/MEBO Life Science	www.mebo.com
28	史赛克/Stryker	www.stryker.com
29	珀金埃尔默/PerkinElmer	www.perkinelmer.com
30	雅培/Abbott	www.abbott.com
31	爱德华生命科学/Edwards Lifesciences	www.edwards.com
32	礼来制药/Eli Lilly	www.lilly.com
33	多特瑞/dōTERRA	www.doterra.com/US/en
34	碧迪医疗/BD	www.bd.com
35	安科锐/Accuray	www.accuray.com
36	美敦力/Medtronic, Inc.	www.medtronic.com
37	艾伯维/AbbVie	www.abbvie.com.cn
38	丹纳赫/DH Business Services	www.danaher.com.cn
39	欧加隆/Organon	organon.com
40	康蒂思/Cordisd	cordis.com

续　表

序号	企业名称	官方网址/联系方式
41	吉利德科学公司/Gilead Sciences, Inc.	www.gileadchina.cn
42	谷威/Growve	www.growve.com
43	优威医疗科技有限公司/Urovision	www.urovision-urotech.de
44	史帝瑞集团/Steris Corporation	www.steris.com
45	USANA	www.usana.com
46	爱尔康/Alcon	www.alcon.com
47	NEUWAVE TECHNOLOGY INC.	/
48	安进/Amgen	www.amgen.cn
49	美国思瑞泰心国际公司/STEREOTAXIS	www.stereotaxis.com
50	CardioFocus	www.cardiofocus.com
51	Achelois BioPharma	achelois.bio
52	Guia Empreendimentos Inovadores LTDA	www.multipet.com
53	Arthrex, Inc.	www.arthrex.com
54	美国衡健生物科技有限公司	www.healgen.com
55	America Medic & Science, LLC	americamedic.com
56	AmeriHealth International, LLC	www.amerihealthintl.com
57	美国药品研究与制造企业协会	phrma.org

服务贸易展区

序号	企业名称	官方网址/联系方式
1	联邦快递/FedEx	www.fedex.com
2	邓白氏/Dun & Bradstreet	www.dnb.com
3	美国联合包裹运送服务公司/UPS	www.ups.com/cn/zh/Home.page
4	世邦魏理仕/CBRE	www.cbre.com

序号	企业名称	官方网址/联系方式
5	万豪国际/Marriott International	www.marriott.com
6	飞协博/Flexport	cn.flexport.com
7	顺科国际货运代理有限公司/ Shipco Transport	www.shipco.com
8	亚马逊/Amazon	www.amazon.cn
9	世界贸易中心协会/World Trade Centers Association	www.wtca.cn
10	毕博/BearingPoint	www.bearingpoint.com
11	罗宾逊国际货运/C.H.Robinson	www.chrobinson.com
12	ALBATROSS AMERICA INC.	/
13	美国华盛顿州	/

消费品展区

序号	企业名称	官方网址/联系方式
1	Yushine International Inc	/
2	盛诺集团/SINOMAX	www.sinomax-usa.com
3	美而浦/Multipure	www.multipure.com
4	宝洁/THE PROCTER & GAMBLE COMPANY	us.pg.com
5	泰佩思琦/Tapestry	www.tapestry.com
6	耐克/Nike	www.nike.com
7	雅诗兰黛/Estee Lauder	www.esteelauder.com
8	斯凯奇/SKECHERS	www.skechers.com
9	卓缔梦/Z DIAMOND USA INC.	www.zdiamondusa.com
10	康宝莱/Herbalife Nutrition	www.herbalife.cn

序号	企业名称	官方网址/联系方式
11	可伶可俐/CLEAN & CLEAN	www. cleanandclear. com. cn
12	美国职业篮球联赛/NBA	china. nba. cn
13	安娜黛斯雅/ABH	www. anastasiabeverlyhills. com
14	RUUD	www. ruud. com
15	闪电自行车/Specialized Bicycles	specialized. com
16	维克特美容有限公司	www. viicode. com. cn
17	埃尔韵施/elvis + elvin	beauty. elvis-elvin. com
18	美国北极星硬木制品有限公司	/
19	Anastasia Beverly Hills, LLC	www. anastasiabeverlyhills. com
20	ENZO	www. enzo. com. pl
21	美国皓齿/Ultradent Products, INC.	www. opalescence. com
22	Sing Kai Hong (U. S. A) co. , Inc	/
23	Canature Watergroup USA INC	www. canature. com
24	Private enterprise Factory TMC Furniture	www. tmcfurniture. com
25	KOCHIN ENTERPRISE(USA), INC.	/
26	Thunderinc	/
27	寇菲/Quatrefoil Skincare LLC	qskin. com

附录三　资 料 来 源

上海市人民政府
http：//www.shanghai.gov.cn

上海市发展和改革委员会
http：//fgw.sh.gov.cn

上海市经济和信息化委员会
http：//sheitc.sh.gov.cn

上海市商务委员会
http：//sww.sh.gov.cn

上海市教育委员会
http：//edu.sh.gov.cn

上海市科学技术委员会
http：//stcsm.sh.gov.cn

上海市卫生健康委员会
http：//wsjkw.sh.gov.cn

上海市国有资产监督管理委员会
https：//www.gzw.sh.gov.cn

上海市人民政府新闻办公室
http：//www.shio.gov.cn

上海市人民政府合作交流办公室
http：//hzjl.sh.gov.cn

上海市人民政府外事办公室　上海市人民政府港澳事务办公室
上海市人民对外友好协会
http：//wsb.sh.gov.cn

中共上海市金融工作委员会　上海市地方金融监督管理局
上海市金融工作局
http：//jrj.sh.gov.cn

上海市统计局
http：//tjj.sh.gov.cn

上海市民防办公室
http：//mfb.sh.gov.cn

上海市文化和旅游局　上海市广播电视局　上海市文物局
http：//whlyj.sh.gov.cn

上海市体育局
http：//tyj.sh.gov.cn

上海市民族和宗教事务局
http：//mzzj.sh.gov.cn

上海市公安局
https：//gaj.sh.gov.cn/index.html

国家税务总局上海市税务局
http：//shanghai.chinatax.gov.cn

上海市市场监督管理局

http://scjgj.sh.gov.cn

上海市水务局　上海市海洋局

http://swj.sh.gov.cn

上海市生态环境局

https://sthj.sh.gov.cn

上海市人力资源和社会保障局

http://rsj.sh.gov.cn

上海市民政局

https://mzj.sh.gov.cn

上海市知识产权局

http://sipa.sh.gov.cn

上海市新闻出版局　上海市版权局

https://cbj.sh.gov.cn

上海市司法局

http://sfj.sh.gov.cn

上海市气象局

http://sh.cma.gov.cn

上海市邮政管理局

http://sh.spb.gov.cn

上海市档案局　上海市档案馆

https://www.archives.sh.cn

上海市医疗保障局

https：//ybj.sh.gov.cn

上海市绿化和市容管理局　上海市林业局

http：//lhsr.sh.gov.cn

上海市粮食和物资储备局

http：//lswzj.sh.gov.cn

上海市道路运输管理局

https：//dlysj.sh.gov.cn

上海市城市管理行政执法局

http：//cgzf.sh.gov.cn

上海市人民政府参事室

http：//css.sh.gov.cn

上海海关

http：//shanghai.customs.gov.cn

上海市人民检察院

https：//www.sh.jcy.gov.cn

上海市高级人民法院

http：//hshfy.sh.cn

上海市工商业联合会　上海市总商会

http：//www.sfic.cn

上海市文学艺术界联合会

http：//www.shwenyi.com.cn

上海市社会科学界联合会

http：//www.sssa.org.cn

上海市科学技术协会

https：//www.sast.gov.cn

上海市作家协会

http：//www.shzuojia.cn

上海市法学会

https：//www.sls.org.cn

上海市浦东新区人民政府

http：//www.pudong.gov.cn

上海市黄浦区人民政府

http：//www.huangpuqu.gov.cn

上海市徐汇区人民政府

https：//www.xuhui.gov.cn

上海市长宁区人民政府

https：//www.shcn.gov.cn

上海市静安区人民政府

https：//www.jingan.gov.cn

上海市普陀区人民政府

http：//www.shpt.gov.cn

上海市虹口区人民政府

http：//www.shhk.gov.cn

上海市杨浦区人民政府

https：//www.shyp.gov.cn

上海市闵行区人民政府

http：//www.shmh.gov.cn

上海市宝山区人民政府

https：//www.shbsq.gov.cn

上海市嘉定区人民政府

http：//www.jiading.gov.cn

上海市奉贤区人民政府

http：//www.fengxian.gov.cn

上海市松江区人民政府

http：//www.songjiang.gov.cn

上海市金山区人民政府

https：//www.jinshan.gov.cn

上海市青浦区人民政府

https：//www.shqp.gov.cn

上海市崇明区人民政府

https：//www.shcm.gov.cn

上海市红十字会

https：//www.redcross-sha.org.cn

上海图书馆 上海科学技术情报研究所

https：//library.sh.cn/#/index/newsBulletin

国家海洋局东海分局

http：//ecs.mnr.gov.cn

中国民用航空华东地区管理局

http：//hd.caac.gov.cn

上海化学工业区管理委员会

https：//www.scip.gov.cn

上海临港产业区管理委员会

https：//www.lingang.gov.cn

上海虹桥国际中央商务区管理委员会

https：//www.shhqcbd.gov.cn

上海广播电视台　上海文化广播影视集团有限公司

https：//www.smg.cn

上海张江(集团)有限公司

https：//www.zjpark.com

上海百联(集团)有限公司

http：//www.bailiangroup.cn

上海市城市建设投资开发总公司

https：//www.chengtou.com

上海市国际贸易促进委员会

http：//www.cpitsh.org

宝钢集团有限公司

http：//bg.baosteel.com

中国商用飞机有限责任公司

http：//www.comac.cc

中国海洋石油集团有限公司

https：//www.cnooc.com.cn

中国东方航空集团有限公司

http：//www.ceairgroup.com

上海浦东发展银行股份有限公司

http：//www.spdb.com.cn

上海铁路局

http：//www.bidchance.com

上海外高桥(集团)股份有限公司

http：//www.china-ftz.com

上海陆家嘴(集团)有限公司

https：//www.ljz.com.cn

上海临港经济发展(集团)有限公司

http：//www.shlingang.com

上海港城开发(集团)有限公司

http：//www.shharborcity.com

上海仪电(集团)有限公司

http：//www.inesa.com

上海纺织控股(集团)公司

http：//www.shanghaifangzhi.ces.cn

上海华谊(集团)公司

http：//www.shhuayi.com

上海电气(集团)总公司

http：//www.shanghai-electric.com

上海汽车集团股份有限公司

http：//www.saicgroup.com

上海华虹(集团)有限公司

http：//www.huahong.com.cn

光明食品集团

https：//www.brightfood.com

上海市供销合作总社
http：//www.shcoop.com

上海良友(集团)有限公司
http：//www.shliangyou.com

上海实业(集团)有限公司
http：//www.siic.com

上海久事公司
http：//www.jiushi.com.cn

上海国际集团公司
https：//www.sigchina.com

上海国盛(集团)有限公司
https：//www.sh-gsg.com

上海市信息投资股份有限公司
http：//www.sii.com.cn

上海科技创业投资(集团)有限公司
https：//www.shstvc.com.cn

上海工业投资(集团)有限公司
http：//www.siig.cn

上海申虹投资股份有限公司
http：//www.sh-sr.com.cn

上海交运(集团)公司
http：//www.cnsjy.com

上海磁浮交通发展有限公司
http：//www.smtdc.com

上海申通地铁集团有限公司
http://www.shmetro.com

上海国际港务(集团)股份有限公司
https://www.portshanghai.com.cn

上海机场(集团)有限公司
http://www.shanghaiairport.com

东方国际(集团)有限公司
http://www.oih.com.cn

上海锦江国际(集团)有限公司
http://www.jinjiang.com

上海市衡山(集团)有限公司
http://www.hengshan.com.cn

上海申迪(集团)有限公司
https://www.shendi.com.cn

上海爱建股份有限公司
http://www.aj.com.cn

申能(集团)有限公司
https://www.shenergy.com.cn

上海市电力股份有限公司
http://www.shanghaipower.com

上海电力建设有限责任公司
http://www.sepcc.com

中航商用飞机发动机有限责任公司
http://www.acae.com.cn

中国石化上海石油化工股份有限公司

http：//spc.sinopec.com

中远集装箱运输有限公司

http：//lines.coscoshipping.com

中波轮船股份公司

http：//www.chipolbrok.com.cn

中交上海航道局有限公司

http：//www.cccc-sdc.com

中交第三航务工程局有限公司

http：//www.ccshj.com

中国移动通信集团上海有限公司

http：//www.10086.cn

中国联合网络通信有限公司上海分公司

http：//mall.10010.com/sh

中国电信上海公司

http：//www.chinatelecom.com.cn

中国银行业监督管理委员会上海监管局

http：//www.cbirc.gov.cn

中国人民银行上海总部

http：//shanghai.pbc.gov.cn

中国工商银行上海市分行

http：//www.icbc.com.cn

中国建设银行上海市分行

http：//ccb.com/sh/cn

中国农业银行上海市分行

http：//www.95599.cn

中国农业发展银行上海市分行

http：//www.adbc.com.cn

国家开发银行上海市分行

http：//www.cdb.com.cn

交通银行上海分行

http：//www.bankcomm.com

中国民生银行上海分行

http：//www.cmbc.com.cn

上海银行

http：//www.bankofshanghai.com

上海农村商业银行

http：//www.srcb.com

中国证券监督管理委员会上海监管局

http：//www.csrc.gov.cn

中国证券登记结算有限责任公司上海分公司

http：//www.chinaclear.cn

上海证券交易所

http：//www.sse.com.cn

上海期货交易所

http：//www.shfe.com.cn

国家金融监督管理总局上海监管局

http：//www.cbirc.gov.cn

中国太平洋保险(集团)股份有限公司
http：//www.cpic.com.cn

中国人民财产保险股份有限公司上海市分公司
https：//www.picc.com

中国人寿保险股份有限公司上海市分公司
https：//www.e-chinalife.com

中国平安财产保险股份有限公司上海分公司
http：//about.pingan.com

太平财产保险有限公司上海分公司
http：//www.cntaiping.com

长江养老保险股份有限公司
http：//www.cj-pension.com.cn

中国福利会
http：//www.cwi.org.cn

上海科技馆
http：//www.sstm.org.cn

上海大剧院
https：//www.shgtheatre.com

上海音乐厅
https：//www.shanghaiconcerthall.org

东方艺术中心
http：//www.shoac.com.cn

上海博物馆
https：//www.shanghaimuseum.net

上海美术馆
http://shanghaimeiguan.meishujia.cn

中国国际进口博览局
https://www.ciie.org

文汇报
http://www.whb.cn

解放日报
https://www.jfdaily.com

新民晚报
http://XMWB.xinmin.cn

澎湃新闻
http://www.thepaper.cn

东方网
http://www.eastday.com

上海社会科学院
https://www.sass.org.cn

上海国际问题研究院
http://www.siis.org.cn

上海科学院
https://www.sast.org.cn

中国科学院上海分院
http://www.shb.cas.cn

上海市教育科学研究院
https://www.cnsaes.org.cn

上海科学技术政策研究所

http：//www.sistp.org.cn

上海市美国问题研究所

http：//www.sias.org.cn

复旦大学

https：//www.fudan.edu.cn

上海交通大学

http：//news.sjtu.edu.cn

同济大学

http：//news.tongji.edu.cn

海军军医大学

http：//www.smmu.edu.cn

华东师范大学

http：//www.ecnu.edu.cn

华东理工大学

http：//www.ecust.edu.cn

东华大学

http：//www.dhu.edu.cn

上海外国语大学

http：//www.shisu.edu.cn

上海财经大学

http：//www.shufe.edu.cn

华东政法大学

http：//www.ecupl.edu.cn

上海纽约大学

https://shanghai.nyu.edu

上海中医药大学

http://www.shutcm.edu.cn

上海师范大学

http://www.shnu.edu.cn

上海大学

http://www.shu.edu.cn

上海科技大学

http://www.shanghaitech.edu.cn

上海理工大学

http://www.usst.edu.cn

上海海洋大学

http://www.shou.edu.cn

上海政法学院

http://www.shupl.edu.cn

上海体育学院

http://www.sus.edu.cn

上海音乐学院

http://www.shcmusic.edu.cn

上海戏剧学院

http://www.sta.edu.cn

上海电力学院

http://www.shiep.edu.cn

上海对外经贸大学

http：//www.suibe.edu.cn

上海第二工业大学

http：//www.sspu.edu.cn

上海应用技术大学

https：//www.sit.edu.cn

上海交通大学医学院附属仁济医院

https：//www.renji.com

上海市第一人民医院

http：//www.firsthospital.cn/news/news.html

复旦大学医学院附属华山医院

https：//www.huashan.org.cn

复旦大学医学院附属儿科医院

https：//ch.shmu.edu.cn

上海第十人民医院

https：//www.shdsyy.com.cn/web

上海市精神卫生中心

https：//www.smhc.org.cn

上海市儿童医院

https：//www.shchildren.com.cn

上海交通大学医学院附属瑞金医院

http：//www.rjh.com.cn

同济大学附属同济医院

https：//www.tongjihospital.com.cn

上海交通大学医学院附属第九人民医院
http：//www.9hospital.com.cn

上海交通大学医学院附属新华医院
http：//www.xinhuamed.com.cn

上海交通大学医学院附属上海儿童医学中心
https：//www.scmc.com.cn

上海市胸科医院
http：//www.shxkyy.com

复旦大学医学院附属中山医院
http：//www.zs-hospital.sh.cn

复旦大学医学院附属眼耳鼻喉科医院
http：//www.fdeent.org

复旦大学医学院妇产科医院
https：//www.fckyy.org.cn

复旦大学医学院附属肿瘤医院
https：//www.shca.org.cn

上海市肺科医院
https：//www.shsfkyy.com

上海长征医院
http：//www.shczyy.com

上海长海医院
http：//www.chhospital.com.cn

上海第二军医大学附属东方肝胆外科医院
http：//www.h-ceo.com

上海中医药大学附属岳阳中西医结合医院

https：//www.shyueyanghospital.com

上海中医药大学附属龙华医院

http：//www.longhua.net

上海中医药大学附属曙光医院

https：//www.sgyy.cn

上海市中医医院

https：//szy.sh.cn

上海市华东医院

http：//www.huadonghospital.com

上海市第一肺科医院

https：//www.shsfkyy.com

上海市第一妇婴保健院

https：//www.51mch.com

上海市眼病防治中心   上海市眼科医院

http：//www.shsyf.com

中国福利会国际和平妇幼保健院

https：//www.ipmch.com.cn

美国驻上海总领事馆

https：//china.usembassy-china.org.cn

上海美国商会

https：//www.amcham-shanghai.org

上海外商投资促进服务平台

https：//www.investsh.org.cn

《上海外事》杂志

（上述单位排名不分先后，统计时间截至 2022 年 12 月）

后　记

　　《上海与美国地方交流年度大事记》是一部记述上海与美国地方交流大事、要事的年度性资料工具书。由上海市美国问题研究所组织编写,已出版 6 卷(2016—2021 年卷)。

　　《上海与美国地方交流年度大事记》(2022 年卷)收录了 2022 年度上海与美国地方交流的各类事件千余条,涉及政治、经济、文化、社会等领域,其正文部分的第一手资料主要来源于上海市政府机关,相关企、事业单位及媒体的官方网站。马学新、李奕昕担任本卷编写组组长,蒋淳、邹颖等人参与了本卷条目收录和编写工作。

　　在本卷编写的过程中,得到了许多单位和个人的大力支持和帮助。其中上海市商务委员会、上海市文化和旅游局、上海市人民对外友好协会、上海市教育科学研究院等单位为本卷提供了相关研究数据和图文资料。上海市商务委员会总经济师罗志松、上海市文化和旅游局国际交流处(港澳台办公室)处长凤智、中国社会科学院美国研究所研究员仇朝兵、上海社会科学院国际问题研究所所长王健、复旦大学美国研究中心副主任宋国友、上海公共外交协会副会长道书明、上海市报纸行业协会会长吴芝麟等知名专家参与了本卷部分内容的评审工作,在此一并致以衷心的感谢和敬意!

　　《上海与美国地方交流年度大事记》项目启动至今已有七年。其间,课题组结合中美关系和上海城市发展中的热点和节点,及时梳理上海与美国地方交流的年度大事、要事、盛事,始终着眼于反映沪美地方交流与合作的形势、时势和趋势。七年来,课题组通过对栏目设置、事件选取、行文逻辑的修订和完善,不断提升该书的工具性和学术价值,惠及关注沪美地方交流的实践者、研究者和各界读者。

　　今后,我们将努力把《上海与美国地方交流年度大事记》打造成"有广度""有深度""有存史价值"的资料性读物。我们殷切地期盼上海市政府所属各委、办、局等相关单位领导、工作人员及学界同仁能够一如继往地支持《上海与美国地方交流年度大事记》的编写出版工作。同时,期盼广大读者为我们提供相关信息资料,并对编写出版《上海与美国地方交流年度大事记》建言献策。

上海市美国问题研究所

上海与美国地方交流课题组

2023 年 1 月 4 日

《上海与美国地方交流年度大事记(2022)》编写组

编写组组长　马学新　李奕昕
编写组成员　蒋　淳　邹　颖　阚　莉　宋珂嘉　田亦心　单子乔
合 作 单 位　上海市商务委员会
　　　　　　　上海市文化和旅游局
　　　　　　　上海市教育科学研究院

专 家 顾 问（按姓氏笔画排序）
　　　　　　　上海社会科学院国际问题研究所所长、研究员　王　健
　　　　　　　中国社会科学院美国研究所研究员　仇朝兵
　　　　　　　上海通志馆馆长　吴一峻
　　　　　　　上海市报纸行业协会会长　吴芝麟
　　　　　　　复旦大学美国研究中心副主任、教授　宋国友
　　　　　　　上海市美国问题研究所外联室副主任　张　骐
　　　　　　　上海市商务委员会总经济师　罗志松
　　　　　　　上海市文化和旅游局副局长　金　雷
　　　　　　　上海市美国问题研究所特约研究员、学术委员会执行副主任　胡　华
　　　　　　　上海市美国问题研究所常务副所长　黄　成
　　　　　　　上海公共外交协会副会长　道书明
　　　　　　　上海市教育科学研究院研究员　谭晓玉